AF533827

Chiemgau und Rupertiwinkel

Ein zauberhafter Landstrich zwischen Rosenheim und Salzburg

Werner Mittermeier

Gstadt am Chiemsee.

Inhalt

Hirschauer Bucht mit Kampenwand.

Frühling

Das Glück ist nicht in einem ewig lachenden Himmel zu suchen, sondern in ganz feinen Kleinigkeiten, aus denen wir unser Leben zurechtzimmern.

Carmen Sylva

Stadtpfarrkirche Rosenheim.

Sommer

Zwar kann niemand Gott sehen, aber er zeigt sich den Menschen in seinen Werken: Weil er die Welt erschaffen hat, können sie seine ewige Macht und sein göttliches Wesen erkennen, wenn sie sich nicht dafür verschließen. Sie haben also keine Entschuldigung.

Die Heilige Schrift

Feldwieser Bucht bei Übersee am Chiemsee.

Herbst
Die Natur ist ein Buch, in dem man über die Weisheit, Liebe und Macht dessen lesen kann, der sie erdacht hat. Wer darin liest, verspürt die Freude und das Glück, die vom Urheber ausgehen und wird immer mehr erkennen, dass Frieden durch Liebe der Endzweck von allem ist.

Hoher Göll bei Berchtesgaden.

Winter
Das Bewusstsein eines erfüllten Lebens
und die Erinnerung an viele gute Stunden
sind das größte Glück auf Erden.
Cicero

Ein zauberhafter Landstrich

Viele Dichter haben diesen bezaubernden Landstrich beschrieben und besungen. Ein Heer von Malern hat ihn in allen Farben und Stimmungen auf Öl- und Aquarellbildern festgehalten. Sein Mittelpunkt ist der Chiemsee, dessen großer weißblauer Wasserspiegel ihm die Bezeichnung „Bayerisches Meer" eingebracht hat. Zwischen den Alpen und dem sanften Hügelland eingebettet, ist seinen Ufern ein mildes, man kann wirklich sagen ein begünstigtes Klima beschieden. Zwei Wochen früher als zum Beispiel im Tegernseer Tal hält der Frühling rund um den Chiemsee Einzug. Wenn sich dann das Gelb der Forsythien im See spiegeln und zum Weiß der schneebedeckten Berge kontrastiert, liegt ein unvergesslicher Zauber in der Luft. Frühlingsboten wie Schneeglöckchen, Märzenbecher und Krokusse verwandeln die zartgrünen Wiesen in bunte Teppiche. Das fröhliche Hochzeitslied der

Die Schafwascher Bucht am Chiemsee mit Hochfelln, Hochgern und den Loferer Steinbergen. Kleines Bild: Margeriten.

Amsel und der übrigen Singvögel, die aus ihrem Winterquartier heimgekehrt sind, klingt wie ein Flötenkonzert und erfreut unser Ohr. Die zarten Klänge und süßen Düfte, die der Frühling für uns bereithält, verscheuchen alle düsteren Gedanken, die sich in der dunklen Jahreszeit in uns angesammelt haben.

Frühling und Sommer gehen unmerklich ineinander über. Magnolien-, Kirsch- und Apfelblüten reichen sich die Hände. Wer sich nicht beeilt, wird die dunkelblauen Blüten des Stängellosen Enzians auf den Almwiesen verpassen, weil es so viel Neues zu sehen und zu entdecken gibt. Dann möchte man überall gleichzeitig sein, am Wasser, im Filz, so nennt man hier das Moor,

und auf den Bergen. Der sich in die Höhen zurückziehende Schnee macht den zarten Blüten Platz, die den Wassersegen lieben und auf wundersame Weise zu sprießen beginnen. Wenn Meter um Meter Schnee schmilzt und die Erde sich volltrinkt, werden Würzelchen, Zwiebeln und Knollen aktiviert, aus denen die herrlichsten Blüten hervorkommen. Zart wie ein Hauch sind die violetten Glöckchen der Soldanellen mit ihren dünnen, roten Stängelchen. Sie halten dem Frost stand, der in Höhen um tausend Meter noch im April und Mai in den Nächten vorkommen kann. Dann blicken uns auch die großen, leuchtenden Blüten der Schneerosen an und die Krokusse treiben ihre zarten Blüten durch den noch winterkalten Boden.

Blick vom Geigelstein über das Nebelmeer auf den Hochgern.
Kleines Bild: Wandergruppe am Fellhorn.

Wenn Buchen und Eichen ihre Blätter voll entfaltet haben und der mächtige Bergahorn in frischem Grün erstrahlt, denken die Bauern auch daran, ihre Kühe und Kälber auf die

Almen zu treiben. Das „gen Alm fahren“, wie man früher sagte, hat sich aber grundlegend verändert, die Technik macht nirgends halt. Für unsere Vorfahren war das eine zeit- und arbeitsaufwändige Angelegenheit. Aber auch ein wichtiger Jahresabschnitt. Für den Senner oder die Sennerin war das ganz bestimmt eine freudige Zeit trotz der vielen harten Arbeit, der Gefahren, der Sorge und Verantwortung für das Vieh. Man war viel mit dem Melken und der Milchverarbeitung beschäftigt. Auf jeder Alm wurde früher Käse gemacht. Heute wird fast ausschließlich Jungvieh auf die Alm gebracht, das nicht gemolken wird. Und zudem gehört es fast der Vergangenheit an, die Tiere zu Fuß aufzutreiben.

Der Bergwanderer, der von Alm zu Alm schlendert, hat auf jeden Fall seine Freude am Klang der Kuhglocken. Was er aber vielfach vermissen wird, sind die hübschen Sennerinnen oder auch Senner, von denen er sich gern ein Glas frischer Alpenmilch kredenzen ließe. Nicht selten sind die Almhütten verschlossen und weit und breit sieht man keine Menschenseele. Personal ist heutzutage teuer. Man richtet es sich so ein, dass der Bauer oder die Bäuerin einmal am Tag mit dem Geländewagen auf die Alm fährt und nach dem Rechten sieht. Während der übrigen Zeit sind die Tiere sich selbst überlassen.

Für den Feriengast im Chiemgau ist Bergwandern ein begehrter Zeitvertreib. An sonnigen, heißen Tagen denkt vielleicht mancher Urlauber, sich nicht auf einen Berg hinaufzuquälen. Für Leute, die aus einer flachen Landschaft kommen, sei allerdings gesagt, dass es auf den Bergen gar nicht so unerträglich ist. Pro hundert Höhenmeter verringert sich die Temperatur bei normalem Sonnenwetter um ein Grad Celsius. Wenn zum Beispiel die Mittagstemperatur in Grassau 30° beträgt, können wir 1200 m höher, am Gipfel des Hochgern (1748 m), mit angenehmen 18° rechnen. Deshalb gehört auch im Sommer eine Jacke oder ein Pullover unbedingt zur Standardausrüstung in unseren Rucksack.

Die Berge sind bei jeder Jahreszeit schön, egal ob sie gleißender Schnee bedeckt, der uns auf schnellen Brettern zu Tal sausen lässt, oder ob sie uns mit ihrer bunten Blütenpracht erfreuen. Doch eines ist sicher, die Hochsaison für Bergsteiger und Wanderer beginnt im September. Der Herbst ist die große Zeit, um die Sonne auf den Höhen zu genießen. Im Spätherbst trifft die Regel, dass die Temperatur mit der Höhe abnimmt, nicht immer zu. In den Bergen kommt es dann häufig vor, dass in Hochlagen die Luft um einige Grade wärmer ist als im Tal. Der Chiemsee hat dann seine berühmten Nebeltage. Der gesamte See liegt unter einer dichten Nebeldecke, die aber nur fünfzig, hundert oder zweihundert Meter dick ist. Dieser unangenehme feuchtkalte Nebel ist im Chiemgau kein unüberwindbares Problem. Mit dem Auto ist man schnell am Fuße eines Berges: Hochgern, Hochplatte oder Geigelstein, Hörndlwand oder Sonntagshorn. Meist erfordert es nur einige beherzte Schritte und wir treten in die warme Sonne hinaus. Zudem haben wir im Chiemgau eine ganze Reihe schöner Gipfel, die mit einer Seilbahn erschlossen sind. Die bekanntesten

davon sind zweifellos die Kampenwand, die von Hohenaschau aus mit einer Seilbahn zu erreichen ist, und der Hochfelln, auf den eine Kabinenbahn in zwei Etappen hinaufführt, deren Talstation in Bergen steht. Im Westen zum Inntal hin wäre auch noch die Hochries zu erwähnen. Dazu fährt man mit dem Auto oder Linienbus bis Grainbach am Samerberg, wo man die Seilbahn besteigt. Es erfordert also nur Minuten, um aus dem kalten Nebel in die gleißende Sonne zu gelangen.

Was den Herbst zur begehrten Zeit für Bergtouren macht, ist die klare Sicht in dieser Jahreszeit. Am Nordrand der Alpen gibt es dann noch ein Phänomen, das für uns Bergsteiger von enormer Bedeutung ist: den Föhn. Dieser Fallwind, der aus dem Süden über den Hauptkamm der Alpen streicht, bereitet uns am nördlichen Alpenrand ein großartiges Wetter mit klarer Luft. Die Fernsicht ist dann enorm. Im Westen kann man die Zugspitze und im Osten den Dachstein mit freiem Auge erkennen. Was besonders ins Gewicht fällt, wenn wir den Oktober als schönsten Bergmonat einreihen, ist die Farbenpracht der Wälder bis hinauf zur Baumgrenze. Bergahorn und Buchen bringen ihre Kronen in lichtem Gelb und kräftigen Kupfertönen zum Leuchten. Die Schockfarben der Natur werden noch verstärkt, wenn die Gipfel bereits vom ersten Schnee angezuckert sind. Solch geschenkte Tage wird man nie mehr vergessen. Bei mir rufen sie auch ein Gefühl der Dankbarkeit hervor.

Langbürgener See mit Kampenwand.
Kleine Bilder: Der Chiemsee zu verschiedenen Tageszeiten.

Der Chiemsee - Das Bayerische Meer

Die größte Wasserfläche Bayerns wird gern als bayerisches Meer bezeichnet. Umrundet man den See mit dem Rad, spürt man am Allerwertesten, was man geleistet hat. Die gesamte Uferlänge beträgt 83 Kilometer. An seiner tiefsten Stelle misst man 73 Meter. Diese große Mulde, die das Chiemseewasser ausfüllt, wurde von einem Gletscher ausgehobelt. Der sogenannte Chiemseegletscher bedeckte eine Fläche, die die Eggstätter Seenplatte umfasste und im Norden mindestens bis Altenmarkt reichte.

Nach dem Abschmelzen des Eispanzers blieb eine riesige Wasserfläche zurück. Die Arbeit des Eisstroms lässt sich an den Moränenhügeln entlang der Alz und bis hinauf nach Obing und Kienberg deutlich ermessen. Diese Schutt- und Geröllmassen schleppte der Gletscher aus den Bergen heraus und lud sie jeweils vor seiner immer kürzer werdenden Zunge ab. Eine Analyse des Moränengesteins ergab tatsächlich, dass es nicht nur aus den nahen nördlichen Kalkalpen stammt, sondern auch aus den Zentralalpen.

Das war Qualitätsarbeit, die heute unser Auge und Herz erfreut. Man könnte hier erwähnen, dass ein Gletscherstrom seinen Moränenschutt nicht in erster Linie vor sich herschiebt, sondern ihn auf seinem Rücken trägt. Wenn seine Zunge abschmilzt, lädt er den Kies und die Felsblöcke jeweils an der Zungenspitze ab. In gewissen Situationen, die von der Geländeform oder auch anderen Umständen beeinflusst werden, können auch mächtige Eisbrocken und auch große Teile des Gletschers abtrennen. Solche Eismassen, die man als „Toteis" bezeichnet, schmolzen dann sehr langsam ab, weil sie völlig vom Gesteinsschutt überdeckt und somit von der Sonneneinstrahlung verschont waren. Rund um den Eisbrocken lagerten sich Sand und Geröll ab, sodass nach dem Abschmelzen Mulden zurückblieben, die sich mit Wasser füllten. So könnte man sich die Entstehung der Eggstätter und Seeoner Seen vorstellen.

Stürmischer Chiemsee.

Wenn man die Geländeformen im Bereich Amerang, Obing und Altenmarkt betrachtet und auch noch den nordöstlichen Bogen über Truchtlaching und Sondermoning anhängt, erkennt man die unverwechselbaren Moränenhügel, die der Eisstrom nicht nur an seiner Stirnseite, sondern auch rechts und links ablagerte. Nördlich der Eggstätter Seenplatte war die Situation nicht immer eindeutig, weil dort auch der starke Inngletscher das Geschehen beeinflusste.

Blick von Gstadt auf die Fraueninsel und Hochgern. Kleine Bilder: Im Yachthafen von Breitbrunn. Seite 22/23: Chiemsee mit Hochplatte und Kampenwand.

Geschichtliches

Wann die erste Besiedelung des Chiemgaus und des Rupertiwinkels begann, lässt sich nicht mit Gewissheit sagen. Zufällige Funde und gezielte Ausgrabungen datieren dieses Ereignis in die graue Vorzeit zurück. Die ältesten Exemplare von Keramik, Waffen und Werkzeugen, die in den Heimatmuseen von Traunstein oder Rosenheim zu bestaunen sind, stammen aus der Steinzeit. Dieser Zeitbegriff lässt sich schwerlich mit Zahlen ausdrücken. Es gab anscheinend in unserer Gegend Sippen und Volksgruppen, die noch mit Messern aus Feuerstein und Nadeln aus Fischgräten hantierten, als die Mittelmeervölker, wie die Ägypter, Perser, Griechen und Römer, schon seit Jahrhunderten wussten, wie man solche Geräte aus Eisen herstellt.

Ein deutliches Bild der frühen Siedlungsgeschichte rund um den Chiemsee verschaffen uns die Funde von Keltensiedlungen, besonders aus der Hallstattzeit. Es scheint sogar, dass die Kelten das bayerische Meer „Lacus Bedaius“ nannten. Der Name Bedaius kommt auf Steinplatten und Denkmälern öfters vor, weil ein Chiemgauer Lokalgott diesen Namen trug.

Als dann die Weltmacht Rom über die Alpen vorstieß und die Gegend besetzte, behielten sie den Namen bei. Aus der Hinterlassenschaft der Römer ist uns einiges erhalten geblieben. Sowohl in Chieming wie auch in Seebruck fand man römische Altäre und Marmortafeln mit lateinischen Gelöbnistexten und Gebeten, die an römische Gottheiten gerichtet waren.

Die Römer waren große Straßenbauer. Für ihren militärischen Vormarsch waren Straßen unerlässlich. Schwere Wagen und Kriegsgeräte, wie sie eigentlich erst die Römer verwendeten, erforderten gute Straßen, damit sie nicht im Morast versanken. Erstaunlicherweise hatten die damaligen Baumeister den Mut, sogar durch Moor- und Sumpfgebiete ihre Straßen zu bauen. Man denke nur an den Durchstich der Eggstätter Seenplatte, wo man heute noch auf Teilstücken der Römerstraße wandern kann. Das war eine der bedeutendsten Straßen, die durch den Chiemgau zog und Juvavum, das heutige Salzburg, mit Pons Aeni, einer Römersiedlung nördlich von Rosenheim, verband und nach Augsburg weiterlief.

Der Name Chiemsee

Es ist noch nicht endgültig geklärt und erforscht, wie die Bezeichnung Chiemsee und Chiemgau bzw. Chieming ins Dasein kamen. Es gibt zwei Theorien, die einleuchtend sind. Die erste verweist auf die Möglichkeit, dass es einen Sippenvorstand oder Anführer gab, der den Namen Chimo oder Chimmi trug. Wenn dieser seinen Hof oder Herrschaftssitz am Ostufer des Sees hatte, könnte der Ort im Laufe der Zeit als Chieming bezeichnet worden sein. Dasselbe trifft dann auch auf den Chiemsee zu. Der Name selbst soll von einem germanischen Wurzelwort herstammen: Kimme, was so viel wie Keim oder Spross, das heißt Nachkomme, bedeutet.

Die zweite, ebenfalls rein theoretische Erklärung geht davon aus, dass der Name keltischen Ursprungs ist. Die Kelten bezeichneten das Meer und auch ein großes Wasser als Kym. Wenn man also die große, fast unübersehbare Wasserfläche als Kym oder auch Chim bezeichnete, liegt es nahe, dass die angrenzende Landschaft und auch die angrenzenden Orte ähnlich genannt wurden. Daraus könnte ebenfalls allmählich der Begriff Chiemgau entstanden sein. In Güterverzeichnissen des Bistums Salzburg aus dem 8. Jahrhundert erscheint bereits die Bezeichnung Chiemgau.

Linke Seite: Chiemsee bei Gollenshausen mit dem Hochfelln.
Kleines Bild oben: Fingerhut.
Kleines Bild unten: Postkarte aus dem Jahre 1879. Zu sehen ist die Fraueninsel, der Klosterturm und eine Ruderin.

Das Land zwischen Salzach und dem Chiemsee gehörte auch noch viele Jahrhunderte zu den Besitztümern der Fürstbischöfe von Salzburg.

Im 6. Jahrhundert kamen aus östlichen Gegenden, ohne viel Aufsehen zu machen, die Bajuwaren ins Land. Wo sie herkamen ist uns bis heute nicht klar und wie sie von diesem Landstrich Besitz ergriffen genauso wenig. Es gibt weder eine Aufzeichnung noch einen Hinweis für eine Eroberung oder eine Landnahme. Keinen Bericht darüber, dass sie einfielen, plünderten oder Kelten und Römer, die hier lebten, vertrieben haben. In ihren Anfängen scheinen die Bayern friedfertige Menschen gewesen zu sein. Der Einzug der Bajuwaren hat anscheinend die früheren Siedler nicht gestört.

Die Tiroler Ache

Achendelta bei Feldwies.

Der überwiegende Teil des Chiemseewassers hat seinen Ursprung in Tirol. Die Tiroler Ache hat ihre Quellflüsse in den Kitzbüheler Alpen. Bei Übersee-Feldwies mündet sie in den Chiemsee. Die Ache bringt ungewöhnlich viel Geröll mit. Das Delta verändert sich von Jahr zu Jahr, indem es immer tiefer in den See hineinwächst. Zirka 180.000 Kubikmeter Geschiebe in Form von Sand und Schlamm werden von der Tiroler Ache jährlich in den See transportiert. Man schätzt, dass in etwa 8.000 Jahren der gesamte See zugefüllt ist. Weil das bayerische Meer aber nicht verschwinden soll, hat man bereits begonnen, gegen die zunehmende Verlandung wasserbauliche Maßnahmen zu ergreifen. Ein Kiesfang kurz vor dem Delta, in der Nähe der Autobahnbrücke, soll einen Teil des Geschiebes zurückhalten, das dann ausgebaggert wird. Das Mündungsdelta der Tiroler Achen darf nicht betreten werden, es steht gänzlich unter Naturschutz. Ein hoher Zaun und entsprechende Hinweisschilder verwehren uns den Zugang. Es gibt aber Literatur mit entsprechenden Fotos. Luftaufnahmen machen besonders deutlich, welche Veränderungen hier vorgehen. Die Ache schleppt eine Unmenge Schutt und Kies mit sich und lagert alles im See ab. Man kann sich ohne Weiteres vorstellen, wie schnell das Delta wächst. Im Jahre 1873 hat man eine Flussregulierung vorgenommen, indem man versuchte, dem Wasser eine Richtung vorzuschreiben. Dieser Eingriff hatte nur die ausgedehnten Überschwemmungen im Deltabereich vermindert. Die Ingenieure hatten damals nicht das geringste ökologische Verständnis. Durch die Begradigung des Flusses wurde das Wachstum des Deltas gewaltig beschleunigt.

Die Tiroler Ache mit Geigelstein und Breitenstein.

Die Prien

Der Chiemsee hat aber noch einen zweiten erwähnenswerten Zufluss: die Prien. Das Flüsschen kommt aus den nahen Bergen. Von einem Almgebiet über dem Grenzort Sachrang fließt die Prien nach Norden durch ein landschaftlich reizvolles Gebirgstal. Nebenflüsse, die von hoch oben aus den Bergen kommen und oft als attraktive Wasserfälle in die Tiefe stürzen, unterstützen sie. Kurz vor Hohenaschau hat sie einige mächtige Hürden zu überwinden. Dann windet sie sich in großen Bögen und Schleifen in einem tiefen Tal nach Prien hinaus. Kurz vor dem Ort geschieht ihr dann ein großes Unrecht. Sie wird so stark zur Ader gelassen, dass die Priener oft nicht einmal mehr ein bescheidenes Rinnsal ihr eigen nennen können. Man führt dem Mühlbach so viel Wasser zu, um einige Turbinen anzutreiben, dass die Prien fast daran erstickt.

Hier mündet die Prien in den Chiemsee. Der Fluss gab dem Ort den Namen.

Von Sachrang bis Aschau kann man die Prien als sauberen, klaren und lebhaften Gebirgsfluss bezeichnen. An seinen Ufern findet man nur wenige kleine Ansiedlungen, denn das Tal ist schmal und die Berge steil. Im Oberlauf wird die Prien von einigen Gebirgsbächen verstärkt.

Die Berge

Ein typisches Merkmal der Chiemgauer Berge ist, dass sie direkt aus dem flachen Land in ziemlich steiler Manier aufragen. Die Kendlmühlfilz und auch die Egerndacher Filz breiten sich fast bis zum Fuß der Berge aus. Diese flachen Moorlandschaften sind durch Verlandung entstanden. Es ist eindeutig, dass der See einst bis Marquartstein reichte. Oster- und Westerbuchberg und so einige andere Hügel, die heute aus dem flachen Moor aufragen, lagen als Inseln mitten im See.

Sieht man sich die Landschaft von einem der nahen Berge an, erkennt man, dass auch bei Mettenham ein See gelegen haben mag. Das Naturschutzgebiet Mettenhamer Filz dürfte noch nicht allzu lang verlandet und verwachsen sein. Wenn man im Herbst oder im Winter auf den Bergen unterwegs ist und ein wallendes Nebelmeer die Täler bedeckt, fällt einem die Vorstellung leichter, das die Fluten des Chiemsees einst am Fuß der Berge plätscherten und zwischen Marquartstein und Schleching ein natürlicher See lag.

Die charakteristische Silhouette der Berggestalten, die man beim Blick über den See vor Augen hat, ist ein unverwechselbares Kennzeichen. Der Chiemsee ohne seine Berge im Hintergrund ist undenkbar. Hochfelln und Hochgern sehen aus wie Geschwister, doch der Hochgern ist 84 Meter höher als sein Bruder. Weil er aber etwas weiter zurückversetzt steht, wirkt er weniger hoch. Der breite Einschnitt, den das Tal der Tiroler Achе bildet, trennt die beiden von der Kampenwandgruppe, zu der

Die Hörndlwand.

Oben: Ein Steinbock.
Darunter: Eine Gämse.

auch die pyramidenförmige Hochplatte gehört. Letztere ist vielleicht der ideale Aussichtsberg, um den Chiemsee aus der Vogelperspektive zu betrachten. Die Kampenwand besticht durch den Felskamm, der sie krönt. Mit ihren 1664 m ist sie genauso hoch wie der Hochfelln. Auf ihr tummeln sich nicht nur Besucher, die sich mit der Seilbahn hinaufbringen lassen, sondern auch ernsthafte Kletterer, die ihr Können an den Wänden und Felstürmen der Kampenwand unter Beweis stellen.

Zu den Chiemgauer Alpen gehören natürlich mehr als die gerade erwähnten Berge. Genau genommen zählen alle Gipfel zwischen Inn

Enzian

Almrausch

Schneerose

und Saalach dazu. Im äußersten Osten wären der Hochstaufen und der Zwiesel zu nennen. Besonders bekannt ist der Rauschberg bei Ruhpolding, auf den eine Seilbahn hinaufführt und der deshalb bei den Gleitschirmpiloten und Drachenfliegern sehr viel Zuspruch findet. Botanisch Interessierte finden einen 2 km langen Alpenlehrpfad, der stellenweise durch einen urwüchsigen Hochgebirgswald führt. Blockhütten und Schautafeln erklären eine Menge Wissenswertes über Bergblumen, Bäume und Tiere.

Südlich vom Rauschberg, sozusagen zum Greifen nah, steht das wilde Sonntagshorn. Sein Gipfel ist mit 1961 m der höchste im Reigen der Chiemgauer Alpen. Man kann ihn zwar von Laubau bei Ruhpolding aus besteigen, das ist aber eher etwas für geübte Bergsteiger. Allgemein wird der einfachere und kürzere Anstieg gewählt, der allerdings eine Autofahrt nach Österreich ins Heutal bei Unken erforderlich macht.

Edelweiß

Ein Berg, der durch den unermüdlichen Kampf von Naturschützern und Naturfreunden Schlagzeilen machte, ist der Geigelstein, der sowohl vom Tal der Tiroler Ache, als auch aus dem Priental erstiegen wird. Wegen seiner Blütenpracht im Frühsommer wird er unter Eingeweihten auch als Blumenberg bezeichnet. Von Sachrang aus steigt man auf den Spitzstein, der auch für Schitouren bestens geeignet ist. Außer den Randbergen, die direkt vom Inntal aufragen, wie dem Kranzhorn und dem Heuberg, wäre noch die Hochries zu nennen, bei der uns eine Seilbahn die Mühen des Aufstiegs abnimmt.

Frauenschuh

Soldanellen (Eisglöckchen)

Zwergalpenrose

Die Orte um den Chiemsee

Chieming

Auf dem erhöhten Platz, auf dem heute die Pfarrkirche steht, soll in den ersten Jahrhunderten unserer Zeitrechnung ein römisches Kastell mit einer tempelartigen Kultstätte gestanden haben. Ausgrabungen erhärteten diese Annahme. Man kann auch immer davon ausgehen, dass der See vor zwei Jahrtausenden um ein Gutes größer war als heute. Wenn die Römer auch nicht unmittelbar am Wasser bauten, war der exponierte Standplatz des Kastells nicht weit vom Ufer entfernt. Bis in das 15. oder 16. Jahrhundert stand hier wahrscheinlich ein befestigter Bau, vielleicht auch eine wehrhafte Burg mit einer Mauer. Zumindest muss es eine Hofmark Chieming gegeben haben, weil Herzog Georg der Reiche von Landshut eine solche erwähnt. Von vielen Spaziergängern, die die gut ausgebaute Uferpromenade auf und ab gehen, wird das „Schloss Chieming" oft völlig übersehen. An der Stelle, wo der Kressbach von einer kleinen betonierten Brücke überspannt wird, bevor er unvermittelt in den See fließt, fällt den meisten nur eine hohe, alte Mauer auf. Wer nicht genau hinsieht, bemerkt nicht einmal das Türmchen, das seit jeher das Schloss schmückt. Das hölzerne Tor ist fast immer verschlossen, durch das hineinzuschauen sich so mancher Vorüberge-

Chieming aus der Luft gesehen.
Rechte Seite: Das Ostufer bei Chieming mit Hochfelln und Hochgern.
Seite 36/37: Sonnenuntergang am Chiemsee.

hende gewünscht hat. Stutzig macht den einen oder anderen nur, dass der Kressbach unter der behäbigen, alten Mauer hervorgurgelt. Das muss ja schließlich einen tieferen Grund haben. Ein Stück fließt der Bach tatsächlich innerhalb der Ummauerung, nachdem er auf der Ost- und Nordseite als schützender Wehrgraben außerhalb der Mauer seinen Weg nimmt.

Der Platz des Schlösschens, das außerhalb des Ortes lag und über lange Zeit als „Neu-Chieming“ bezeichnet wurde, ist mit viel Bedacht ausgewählt. Zum einen bietet sich hier am öst-

lichen Seeufer eine großartige Aussicht auf den See und die Chiemgauer Berge. Bei guter Sicht, wie er an Föhntagen dieser Gegend beschert wird, rücken sogar die Tiroler Gipfel, wie der Wilde Kaiser, sozusagen an das südliche Seeufer heran und sind zum Greifen nahe. Zum anderen war die Lage am Seeufer, das damals völlig unbebaut war, ein ausgezeichneter Platz, um eine kleine Schlossanlage zu errichten, in der man ungestört leben konnte. Der Kressbach sollte das Schloss umfließen, dass außerdem von einer hohen Schutzmauer umgeben war.

Schloss Chieming

Wenn der Erbauer noch dazu ein Freund der Fischerei und Genießer köstlicher Fischspezialitäten war, stand ihm kein Wunsch offen. Wahrscheinlich hat ein gewisser Oswald Öder das Schloss erbaut. In alten Dokumenten ist von einem „Öderschen Garten am See" die Rede. Im Laufe der Zeit hatte das Anwesen verschiedene Besitzer. Im Jahre 1530 erwarb Dr. Niklas Riebeisen das Schloss. Er war Jurist und stammte aus Augsburg. Was von ihm bekannt ist, zeigt deutlich, dass er die Wirren seiner Zeit zu nutzen verstand. Es war noch nicht allzu lange her, dass Europa von der Reformation, die Luther auslöste, erschüttert wurde. Viele Leute waren die unterdrückende Herrschaft der katholischen Fürstbischöfe satt, die in luxuriösen Schlössern lebten und ausgelassene Feste feierten. Viele aus dem Volk hofften, durch die lutherische Religionsbewegung etwas Freiheit und Toleranz zu erfahren. Als sich herausstellte, dass der Beichtvater des Fürsterzbischofs Mathäus Lang, Stephan Agricola Kastenhuber, mit der neuen Lehre sympathisierte und für die Verkündigung des Evangeliums eintrat, wurde er vor Gericht gestellt. Der Bischof bestellte Dr. Riebeisen als Richter. Der Abtrünnige wurde verurteilt und in Mühldorf in den Turm geworfen. Als einige Jahre später die unterdrückten Bauern aus den Salzburger Gauen aufbegehrten, weil ihnen wegen der hohen Steuern kaum mehr etwas zum

Oben: Erlstätt.
Rechte Seite oben: Chieming mit dem Pfeffersee und darunter ein Entwässerungsgraben.

TIPP In Chieming gibt es eine schöne Uferpromenade, auf der man ungestört vom Verkehrslärm vom Freibad bis nach Stöttham wandern kann. Dabei kommt man gleich am Anfang am erwähnten Schlösschen vorbei. Für die einfache Strecke benötigt man etwa 1 Stunde.

Leben blieb, hielt es der Bischof wieder für nötig, Riebeisen zu holen. Die Bauern belagerten die Feste Hohensalzburg, schossen sogar einige Steinkugeln hinauf, mussten aber schließlich unverrichteter Dinge abziehen. Dem Verhandlungsgeschick des Dr. Riebeisen war es zuzuschreiben, dass alle Anführer der Bauern hingerichtet wurden. Als Judaslohn wurde er zum Kanzler erhoben und erhielt einträgliche Beteiligungen am Salzhandel und anderen Geschäften.

Nach dem Tod Riebeisens, der ein echtes Reibeisen war und viel ungerechten Reichtum anhäufte,

Schloss Grabenstätt

lebten seine Stiefsöhne auf dem Schloss. Sie wurden sogar vom Kaiser geadelt. Schließlich kaufte das Kloster Baumburg bei Altenmarkt das Anwesen, zu dem viel Land und einige Bauernhöfe gehörten. Das Schlösschen selbst diente als Pfarrhof.

Grabenstätt

Von Chieming führt ein Uferweg nach Süden am Badestrand und den Campingplätzen vorbei. Durch den Wald beschreibt der Weg, der von mehr Radfahrern als Fußgängern benutzt wird, einen Bogen. Bei den Häusern von Hagenau, die auf einem Hügel stehen, weitet sich der Blick auf die Hirschauer Bucht und das Grabenstätter Moor bis hin zu den Bergen rechts und links des Achentales.

Hier sollte man, egal ob man zu Fuß oder mit dem Drahtesel unterwegs ist, Halt machen und etwas verweilen. Die Bucht, das Moor, die Häuser von Hirschau und Grabenstätt, das nahe Gebirge – wer das Bild dieser Landschaft schon einige Jahrzehnte kennt, beobachtet sicher die Veränderungen, die hier vor sich gehen. Als Kinder und Jugendliche erlebten wir die Hirschauer Bucht als beliebten Badeplatz. Heute verlandet sie zusehends, Schilf nimmt überhand und der Seegrund ist verschlammt. An schwülen Sommertagen, besonders nach einem Gewitter, kann man es vor Mücken nicht mehr aushalten. Die gesamte Bucht bis hinüber zum Delta der Tiroler Achen steht heute unter Naturschutz.

Beobachtet man die Bäume und Sträucher im Moor und auf den ausgedehnten Streuwiesen, wird einem schnell klar, dass die gesamte Fläche, die soeben vor uns liegt, vor nicht allzu langer Zeit vom Chiemsee bedeckt war. Erlen, Birken, Schilfrohr und Seggengras sind die typischen Bewohner solcher Verlandungsflächen. Der kleine Ort Hirschau, nach dem die Bucht benannt ist, sowie Grabenstätt selbst lagen bis vor ca. 150 Jahren unmittelbar am Chiemsee. Wie kam es zu dieser drastischen Veränderung? Wie bereits erwähnt, bringt die Tiroler Achen eine Menge Sand und Schotter mit. Doch das war nicht der eigentliche Grund, der heute Grabenstätt zwei Kilometer vom See entfernt liegen lässt. Der Hauptgrund ist die Absenkung des Seespiegels, die man 1902 begann. Durch die Tieferlegung der Alz in Seebruck sank der Wasserspiegel um 60 cm. An flachen Uferzonen bedeutete das einen gewaltigen Rückgang des Wassers. Wollen wir uns ein Bild aus früheren Tagen machen, müssen wir uns Grabenstätt unmittelbar am Seeufer vorstellen.

Etwa zwei Kilometer östlich, zwischen Tüttensee und Eckering, gab es bereits im frühen Mittelalter eine wehrhafte Burg. Sie stand auf dem Hügel, den man rechter Hand sieht, wenn man von Grabenstätt nach Vachendorf fährt. Heute erkennt man dort kaum etwas, das an eine einstige Burg erinnert. Um 1850 wird berichtet, dass noch Mauerreste und ein umlaufender Graben zu erkennen waren.

Allerdings gibt es auch heute noch ein Schloss Grabenstätt, nicht besonders prunkvoll, doch mit einer alten Tradition. Von dem ursprünglichen Aussehen des Schlosses können wir uns trotzdem ein ziemlich genaues Bild machen, weil es einen Stich von Michael Wenig aus dem Jahre 1701 gibt, der das Schloss zeigt. Die Anlage bestand aus mehreren hohen Gebäuden. Das Haupthaus mit einem hohen Giebel war an den Ecken mit vier Türmen verziert. Dazu gehörte eine großartige Park- und Gartenanlage. Alles war von Wällen und Gräben eingesäumt. Leider wurde dieser Prunkbau im Jahre 1834 ein Raub der Flammen. Die Herren zu Grabenstätt dürften ziemlich wohlhabend und einflussreich gewesen sein. Sie hatten ausgedehnte Besitzungen. Nach dem großen Brand entstand das heute bestehende Schloss, das wie ein Gutshof wirkt.

Blick auf Grabenstätt.
Seite 40/41: Der Chiemsee mit den Chiemgauer Bergen.

TIPP Grabenstätt lag vor etwa 150 Jahren noch am Chiemseeufer und hatte einen Schiffsanlegesteg. Die trockengelegte Grabenstätter Bucht ist heute größtenteils mit Schilf bewachsen. Das heutige Naturschutzgebiet lädt zum Wandern ein. In der Hirschauer Bucht findet man ein Wirtshaus und einen kleinen Badestrand. Gehzeit etwa 2 Stunden.

Das Südufer

Zwischen dem heutigen Chiemseeufer und dem Gebirge erstreckt sich eine flache Landschaft, die von großen Mooren geprägt ist. Im Chiemgau werden Moore auch als Filz bezeichnet. Die größten davon liegen unmittelbar südlich vom See. Damberger Filz oder Chiemseemöser bezeichnet man die große Fläche zwischen Bernau und Übersee und zwischen der Autobahn und der Bahnlinie München – Salzburg. Eine natürliche Grenze zwischen der Damberger Filz und der Kendlmühlfilz, die die zweitgrößte Moorfläche bildet, ist der Westerbuchberg, auf dem eine kleine Streusiedlung mit einer Kirche entstand. Zwischen Bernau und Rottau liegt die kleinere Rottauer Filze. Östlich

TIPP Das Südufer bietet einen reizenden Wanderweg vom Jachthafen bei Feldwies am Hotel Chiemseehof und am Freibad vorbei bis zur Nikolauskapelle an der Spitze der Landzunge, die einst von der Tiroler Achen angeschwemmt wurde. Zurück über Seethal. Gehzeit etwa 2 Stunden.

Luftaufnahme von der Hirschauer Bucht und das Delta der Tiroler Ache.

Hafen in der Feldwieser Bucht.

der Tiroler Ache sind das Egerndacher Filz und das Bergener Moos zu erwähnen.

Obwohl Moore wertvolle Naturlandschaften sind, wurden sie Jahrhunderte lang ausgebeutet und zerstört. Zum einen waren die Bauern stets bemüht, ihre Wiesen zu vergrößern und dem Moor Ackerland abzuringen, was allerdings wenig erfolgreich war. Auch die Absenkung des Seespiegels konnte nicht helfen. Die dadurch entstandenen nassen Streuwiesen können nur einmal im Jahr gemäht werden und sind zur Futtergewinnung unbrauchbar.

Ökologische Sünden, wie sie in den letzten zwei Jahrhunderten begangen worden sind, kann

man kaum mehr gutmachen. Man hat viele hundert Kilometer Gräben in das Moor gezogen, um das Wasser abzuleiten. Das Moor musste als Brennstofflieferant herhalten. Der Torf wurde in mühevoller Kleinarbeit aus dem Moorboden gestochen. Sogar für die Salzgewinnung und für die Eisenverarbeitung wurde Torf eingesetzt. Das ließ große Lücken im Filz entstehen, tiefe Gräben und Löcher die sich mit Wasser füllten. Schließlich ging man noch daran, den Torf großflächig abzubauen, um ihn den Gartenbesitzern als Torfmull zu verkaufen. Heute hat man zwar Programme zur Renaturierung aufgestellt, doch scheitert die Durchführung meist an den Mitteln.

Übersee

Durch die Eisenbahnlinie Prien – Istanbul und die Autobahn München – Salzburg – Wien ist Übersee mit der ganzen Welt verbunden. Nicht unmittelbar angrenzend, aber doch nahe dem glitzernden Band der Tiroler Ache entwickelte sich der Straßenort Übersee. Auf dem ältesten Teil der Verlandungsfläche, die durch das Geschiebe des Flusses entstand, ließen sich die einstigen Siedler nieder, die den Ort gründeten. Der Ortsteil Feldwies, der längst mit dem Kern von Übersee zusammengewachsen ist, zeichnet sich durch seine mit Blumen reich geschmückten Balkone, Terrassen und üppigen Gärten aus. Wie selten woanders verstehen es die Menschen in dieser Gegend, den bunten Blumenschmuck in Häusern und Gärten zu hegen und zu pflegen. Geranien, Bethunien, Gebirgshängenelken und viele verschiedene Zierblumen schmücken die Heime und Straßenränder. Besonders für Blumenfreunde ist ein Spaziergang durch die Siedlung eine erfrischende Augenweide.

Sicher hat man sich nicht erst in den letzten Jahrzehnten um die Schönheit des Ortes verdient gemacht, wo es Aktionen wie „Unser Dorf soll schöner werden“ gibt. Seit fast zweihundert Jahren ist Übersee und speziell der Ortsteil Feldwies ein bevorzugtes Domizil für Kunstmaler gewesen und ist es noch. Das grandiose Zusammenspiel von See und Gebirge ergibt eine große Palette von Motiven. An der Feldwieser Bucht begegnet man nicht selten einem Künstler, der hinter seiner Staffelei sitzt und einen Traum von Landschaft auf die Leinwand zu zaubern versucht. Große Meister haben hier Kunstwerke geschaffen, die in Galerien der ganzen Welt Anerkennung fanden.

Übersees Wahrzeichen ist die in roten Ziegeln erbaute gotische Pfarrkirche. Ihr spitzer Turm und auch das mächtige Kirchenschiff überragen die Häuser und Bäume rundherum.

Luftaufnahme von Übersee - Feldwies mit Campingplatz.

Übersee mit Hochgern.
Rechte Seite: Blumenschmuck, der Stolz der Hausfrau.

Blutwidderchen

Kleiner Fuchs

Westerbuchberg

Wendet man sich auf der Straße nach Grassau dem Gebirge zu, stößt man im Süden Übersees auf einen langgezogenen Hügel, den Westerbuchberg. Er erhebt sich unmittelbar aus der Ebene und hat sozusagen einen Zwillingsbruder am östlichen Ufer der Tiroler Ache, den Osterbuchberg. Beide Hügel, die das flache Schwemmland um etwa 80 Meter überragen,

bestehen aus Sandstein. Es ist sogar anzunehmen, dass sie bereits vor dem Gletscher existierten und dass er sich über diese Sandsteinfelsen hinwegschob. Jedenfalls bildeten diese Buchberge Inseln in jenem großen Chiemsee, der nach dem Abschmelzvorgang des Gletschers das

Blick vom Westerbuchberg auf das Kaisergebirge.

Land bis zum Fuß der Berge flutete.

Ziemlich sicher hat die Besiedlung der Gegend auf diesen zwei Felsrücken ihren Anfang genommen. Hier fühlte man sich sicher. Der Grund war fest und trocken, um Häuser darauf zu errichten. Waren die ersten Siedler Ackerbauern, bot sich für sie auch reichlich Gelegenheit, Felder anzulegen und Milchvieh zu halten. Wenn in keltischer Zeit die ersten Siedler hierher fanden, dürfte es unten im Moor noch ziemlich nass gewesen sein, wenn sich nicht sogar der See zu ihren Füßen ausbreitete. Als Beweis einer frühen Besiedlung steht auch die alte Kirche St. Peter und Paul aus dem 12. Jahrhundert. Wand und Deckenfresken aus dem 15. Jahrhundert wurden zunächst übermalt, bis man sie in den 1950er-Jahren wieder entdeckte und freilegte.

In der Kendlmühlfilze.
Kleines Bild: Dorfansicht von Grassau.

TIPP Der Westerbuchberg südlich von Übersee stellt ein schönes Wandergebiet dar. Vom Dorf kommend geht man zuerst am Fuß des Westerbuchbergs auf einer schmalen Verbindungsstraße entlang und folgt der Straße durch den Wald hinauf zu den Häusern und der Kirche. Ein Wanderweg führt südseitig hinunter und um den Buchberg herum nach Übersee zurück. Gehzeit etwa 2½ Stunden.

Grassau

Auf unserer Reise um den Chiemsee führt uns der Weg zunächst über das flache Land, über Mietenkam nach Grassau. Hier spielen Industrie und Handwerk eine dominierende Rolle. Auch an Geschäften wird eine Menge geboten. Einer der wichtigsten Einkommenszweige ist in den vergangenen Jahrzehnten der Fremdenverkehr geworden. Die Bürger Grassaus waren dem Märchenkönig Ludwig II. besonders zugetan, was sie veranlasste, ihm ein Denkmal mit einer Büste vor ihrer Kirche aufzustellen. Wir verlassen Grassau in östlicher Richtung auf der B 305. Ungefähr nach einem Kilometer kommen wir zu einer der vielen Pumpstationen der ehemaligen Soleleitung, die von Berchtesgaden und Bad Reichenhall zuerst bis Traunstein und später auch bis Rosenheim geführt wurde. Die Pumpstation ist als Museum eingerichtet. Auch für

Ortszentrum von Grassau.

TIPP Grassau: Nördlich des Ortes bei der Moosbauersiedlung beginnt ein Moorwanderweg. Er führt zuerst geradeaus nach Norden und folgt dabei einer Gleistrasse, die früher dem Torfabbau diente. Auf dem Ewigkeitsweg gehen wir ein Stück nach rechts und biegen dann wieder rechts ab. Wenn wir am Rande des Moores ankommen, sehen wir die Häuser von Grafing.

Auf diesem Weg gelangen wir nach Grassau zurück. Gehzeit in etwa 2½ Stunden. An der Straße Richtung Rottau kann man eine Pumpstation der alten Soleleitung besichtigen.

ausreichend Parkplatz ist gesorgt. Es ist kaum vorstellbar, welche technische Leistung diese Pipeline darstellte. Aufschluss über technische Einzelheiten gibt eine interessante Sammlung von Maschinen und Geräten aus jener Zeit um 1800, als man die Soleleitung bis zur neuen Saline nach Rosenheim verlängerte. Der erste Abschnitt der Soleleitung, der aus 9000 ausgehölten Baumstämmen bestand, wurde vom bayrischen Hofbaumeister Reiffenstuel bereits 1617 erstellt. Der Standort der Saline wurde von Berchtesgaden nach Reichenhall, dann nach Traunstein und Rosenheim verlegt, weil nach einer gewissen Zeit jeweils das Holz, das als Energiequelle diente, knapp wurde.

Das nächste Kirchendorf am Fuße der Berge Richtung Westen ist Rottau. Die B 305 läuft zur Freude der Rottauer nicht durch das Zentrum des Ortes. Wenn auch Rottau nicht durch kulturelle und künstlerische Höhepunkte aus dem Rahmen fällt, hat es doch einiges zu bieten, was eine Pause wert ist. Rund um die kleine Kirche mit dem Zwiebelturm, der noch kunstvoll mit Holzschindeln gedeckt ist, scharen sich behäbige Bauernhäuser, sie sich mit ihrem sommerlichen Blumenschmuck durchaus sehen lassen können. Für Hobbyfotografen steht so manches Motiv zur Auswahl.

Rottau, das heute als Ausgangspunkt für Bergwanderungen im Bereich der Kampenwand angesehen werden kann, bemüht sich aufrichtig um Feriengäste. So hat man für weniger bergbegeisterte Besucher einen Moorlehrpfad eingerichtet. Schautafeln und Schilder erklären die Entstehung des Moores und machen auf die Tiere und Pflanzen aufmerksam. Auch der nahe gelegene Torfbahnhof, der als Industriemuseum eingerichtet ist, kann besichtigt werden oder man macht eine Fahrt mit der Torfbahn.

Linke Seite: In der Filze.
Oben Rechts: Pfarrkirche in Grassau.
Kleines Bild: Blutweiderich.

Sumpfherzblatt

Sonnentau

Wollgras

Fieberklee

Primeln

Sumpfdotterblume

Weißes Waldvögelein

Rotes Waldvögelein

Fettkraut

Blutweiderich

Schützenswerte Moore

Moore sind in der Regel das Ergebnis von langsam verlandeten Wasserflächen. Deshalb finden wir im Bereich zwischen dem Chiemsee und dem Gebirgsrand noch größere Flächen dieser wertvollen Biotope. Der einst bis zum Fuße der Berge reichende See verschwand allmählich und wurde in vielen Jahrhunderten zu einer großen Hochmoorfläche. Wenn wir eine topographische Landkarte ausbreiten, leuchtet uns ohne weiteres ein, dass die gesamte Fläche zwischen den Bergen und dem heutigen Südufer des Sees früher eine riesige Wasserfläche gewesen sein muss. Die reißenden Ströme, allen voran die Tiroler Ache, die damals noch von schmelzenden Gletschern gespeist aus den Bergen herausdrückten, brachten Unmengen von Gestein und Erdmassen mit sich. Dadurch wurde der große See bis zu seinen jetzigen Ufern zugefüllt. Während dieses Vorgangs bildeten sich kleinere Wasserflächen, die schließlich ohne Zu- und Abfluss waren. Pflanzenkolonien bemächtigten sich dieser flachen Teiche und überwucherten sie im Laufe der Zeit. Bäume und Sträucher konnten sich einnisten, die im Alter oder bei Unwetter zu Fall kamen und den Verlandungsprozess beschleunigten. Dabei entstand das, was wir Torf nennen.

Im Bereich des Chiemsees handelt es sich um Hochmoore, wie man sie eigentlich nur am Alpenrand und vereinzelt in Mittelgebirgen findet. In einem Hochmoor wächst eine Pflanzengeneration auf der anderen, ohne dass ihre Wurzeln das Grundwasser erreichen. So wächst das Hochmoor Schicht um Schicht, etwa einen Millimeter pro Jahr. Ein Moor braucht viel Zeit, um zu wachsen, greift aber der Mensch ein, dann ist es in kürzester Zeit ruiniert.

In der jüngsten Vergangenheit, seit es den Naturschutzgedanken gibt, wurden große Flächen unter Schutz gestellt und damit für die Nachwelt gesichert. Leider sind die Moorflächen südlich des Chiemsees in der Vergangenheit ziemlich beschädigt worden durch Entwässerungsgräben und Torfabbau. Umso mehr freuen wir uns, wenn wir eines der seltenen Blümchen entde-

TIPP Rottau: Von Rottau geht man eine halbe Stunde zum Torfbahnhof, der als Industriedenkmal zu besichtigen ist. Über die Öffungszeiten kann man sich unter www.torfbahnhof-rottau.de erkundigen. Am Rande der Filze wurde ein Moorlehrpfad eingerichtet. Schautafeln erklären das Leben und die Pflanzen im Moor. Die Bäume sind mit erklärenden Schildern versehen. Gehzeit 1 bis 2 Stunden.

Das Moor im Winter.
Kleines Bild: Sumpfwurz, eine einheimische Orchidee.

cken, das für ein Hochmoor charakteristisch ist. Die Heidelbeere zieht zu jeder Jahreszeit unsere Blicke auf sich. Im Frühling, wenn sie blüht und im Herbst, wenn sie ihre blauen Beeren trägt. Haben wir schon einmal beobachtet wie eine fleischfressende Pflanze eine Mücke fängt? Im Moor kann man noch vereinzelt den rundblättrigen Sonnentau finden. Auch Orchideen kann man antreffen, die es sonst nirgends mehr gibt. Zum Beispiel das Sumpf-Weichkraut, das bereits sehr selten geworden ist und auf der roten Liste der aussterbenden Pflanzen steht.

Moore, in denen einzelne Tümpel stehen, sind der ideale Lebensraum für Libellen. Den größten Teil ihres Lebens verbringen diese großen Insekten als Larven im Wasser. Ist ihre Zeit gekommen, klettern sie an einem Schilf- oder Grashalm empor und verwandeln sich in wenigen Minuten in ein farbenschillerndes Insekt. Aus einer unscheinbaren Larve entsteht ein Kunstflieger, der nicht die geringste Ähnlichkeit mit seinem Vorgänger aufweist. Eine solche Libelle zu beobachten, ist spannend und beruhigend zugleich. Sie mag lange Zeit auf der Spitze eines Halmes sitzen und nach Beute Ausschau halten. Plötzlich startet sie blitzschnell. Sie kann im Zickzack fliegen, wobei sie die Richtung so schnell ändert, dass wir ihr mit unseren Augen nicht folgen können. Dann wieder steht sie in der Luft an einer Stelle, indem sie wie ein Hubschrauber mit den Flügeln schwirrt. Bei ihrer Fluggeschwindigkeit benötigt sie ein außerordentliches Sehvermögen. Auf ihrem Kopf sitzen Facettenaugen, die je aus 28000 Teilaugen bestehen. Sie ist eine Meisterleistung unseres Schöpfers.

Ein Spaziergang durch das Moor ist in jeder Jahreszeit ein eindrucksvolles Erlebnis. Im Mai, wenn die Birken und dann auch andere Laubbäume ihre Blätter austreiben, wirkt die Landschaft besonders frisch. Im Frühsommer erfreuen uns die Blumenpracht und die Vögel mit ihrem Nachwuchs. Da geht es lustig zu. Im August blüht dann das Heidekraut und die Moosbeeren werden langsam reif. Wenn es dann Herbst wird, leuchtet alles in Gold- und Brauntönen. Die kalte Jahreszeit deckt die Tümpel mit strahlendem Weiß zu. Achtung! Das Eis könnte einbrechen, deshalb bleiben wir auch im Winter auf den Wegen. Für eine Winterwanderung suchen wir uns am besten einen Rauhreiftag aus, aber am frühen Vormittag, sonst ist die Eispracht vorbei.

In diesem Moor wurde Torf abgebaut.
Rechte Seite: Blick auf die Bernauer Pfarrkirche.

Bernau am Chiemsee

Die Geläufigkeit dieses Ortsnamens ist der Autobahn zu verdanken, weil die Ausfahrt Bernau-Prien für die Reisenden von Norden das Tor zum Chiemsee bildet. Gut sichtbar auf einer Anhöhe stehend überragt die Pfarrkirche St. Laurentius die Häuser des Ortes, der zwischen Chiemsee und Kampenwand eine Schlüsselstellung einnimmt. An der Ampelkreuzung im Ortszentrum fällt dem Besucher der typisch bayrische Gasthof „Zum Alten Wirt" ins Auge: breit und behäbig mit einem Biergarten unter schattigen Bäumen. Die Lüftlmalerei an der Straßenseite und der Giebelfassade, wo sich auch die Haustüre befindet, erzählt Geschichten aus früher Zeit. Die Bilder erinnern an die Tage,

TIPP Bernau: Auf der Straße von Bernau nach Aschau biegt man bei Außerkoy links ab, um über den Seiserhof (Hotel/Ausflugsgaststätte) mit herrlicher Aussicht auf den Chiemsee nach Hintergschwendt zu fahren. Das ist ein Ausgangspunkt, um in 3 Stunden auf die Kampenwand zu gehen.

in denen der Tafernwirt Christian Seiser hohe Herrschaften bewirtete. Es war kein geringerer als Kaiser Maximilian I., der im Erbfolgekrieg nach Marquartstein unterwegs war und beim „Alten Wirt" logierte.
In unmittelbarer Nähe des historischen Gasthauses, unterhalb der Kirchensüdseite, fällt ein

Linke und Rechte Seite oben: Bernau an der Autobahn, rechts Klinik und Raststätte am Chiemsee. Kleines Bild: Die Pfarrkirche in Bernau.

nettes, hübsch gestaltetes Schlösschen auf. Es ist unter der Bezeichnung „Bonnschlössl“ bekannt. Vier Türmchen zieren das in königlichem Blau gehaltene Bauwerk. Vor Jahren war es noch dem völligen Verfall preisgegeben, bis es vom „Alten Wirt“ zur Nobelherberge umgestaltet wurde, um heute als Hotel mit Parkanlage die Gäste zu verwöhnen.

Prien am Chiemsee

Prien ist der größte Ort am Chiemsee. Heute zählt er mittlerweile über zehntausend Einwohner und wird seit 1438 als Marktflecken bezeich-

net. Das Gründungsjahr soll 1158 sein, damit hat er das gleiche Geburtsjahr wie München. Seither ist Prien Verwaltungs- und Gerichtsort. Damals regierten noch die Salzburger Bischöfe das Land um den Chiemsee. Ihr Verwalter, der Graf von Falkenstein, hatte die Hand über die Gerichtsbarkeit. Er erhob die geforderten Steuern von den Bauern und den Gewerbetreibenden und führte sie nach Salzburg ab. Sein Amt berechtigte ihn auch, Zölle von allen Durchreisenden zu erheben.

Wer weiter in die Vergangenheit zurückforscht, wird von einer frühen Keltensiedlung erfahren. Warum haben diese wohl zwei Kilometer vom Seeufer entfernt gebaut? Darüber können wir nur Vermutungen anstellen. Unsere historischen Vorfahren zog es nicht so sehr ans Wasser wie uns heute stark Freizeit orientierten Menschen. Man sollte aber auch bedenken, dass das Ufer des Chiemsees nicht immer dort verlief wo wir es heute sehen. Wie bereits in den Anfangskapiteln erwähnt, war der Wasserspiegel des Sees einst viel größer als heute. Auch die Mündung der Prien muss weiter südlich angesetzt werden. Sicher hat die Prien in historischen Zeiten den Uferbereich zwischen Herrenberg im Osten und Höhenberg im Westen, auf der Rimsting erbaut wurde, stark verändert. Die unverbaute Prien brachte noch eine Menge Kies und Sand mit aus den Bergen. Hätte man die Prien nicht reguliert, so wäre die Schafwaschener Bucht mit ziemlicher Sicherheit längst ein Binnensee und durch eine Landbrücke vom Chiemsee abgetrennt. Es ist also gar nicht von der Hand zu weisen, dass die Kelten in der Nähe des Seeufers ihre ersten Hütten errichteten. Die Kelten sollten übrigens den Fluss „Brigenna“ genannt haben, was so viel wie, „die aus den Bergen kommt“, bedeuten soll. Der Fremdenverkehr stellt den wichtigsten Zweig der Einkünfte dar. Wenn es auch viele Geschäfte und Handwerksbetriebe gibt, sind ihre Auftragsbücher weitgehend vom Funktionieren des Fremdenverkehrs abhängig. Nicht alle Reisenden mieten sich hier ein. Der überwiegende Teil der Fremden sind Tagestouristen und Ausflügler, die das Königsschloss auf der Herreninsel besuchen. Diese Attraktion besteht für die Öffentlichkeit seit August 1886. Grundsteinlegung des Schlosses war im Jahre 1878. Die lokale Chiemseebahn von Prien nach Stock wurde im Jahre 1887 eröffnet.

Der extrem spitze Turm der Pfarrkirche ist weithin zu sehen. Das mächtige Kirchenschiff mit dem zitronengelben Anstrich wirkt imposant. Auch der Arkadengang, in den die Taufkapelle und der Marktbrunnen integriert sind, stellt eine baulich günstige Lösung dar. Die Übereinstimmung der kleinen Zwiebeltürme, die das Kirchenschiff und den Turm der Kapelle flankieren, wirkt sehr harmonisch. Der kleine Marktplatz, abseits der Straße gelegen, lädt zum Verweilen und Ausruhen ein. Architektonisch ist das Kircheninnere gut ausgewogen. Der Innenraum besticht durch die Helligkeit.

Hafen in Prien-Stock.
Darunter: Schloss Wildenwart.
Linke Seite: Die beiden Kirchen in Prien.
Seite 66/67: Flugaufnahme von Prien mit seinem Hafen und dem Erlebnisbad Prienavera in Stock.

Durch große, schlichte Fenster flutet die Sonne ungehindert herein. Der absolute Höhepunkt ist natürlich das Deckenfresko, das von keinem geringeren als Johann Baptist Zimmermann aus Wessobrunn stammt. Der Künstler wählte als Thema die Seeschlacht von Lepanto, in der Spaniens König Karl I., der auch deutscher Kaiser war, die Türkische Flotte vernichtend schlug. Damals betrachtete man die Türken als Erzfeinde des katholischen Abendlandes. Diese 200 qm große, bemalte Kirchendecke sollte man sich ansehen. Hier hat die Hand eines der begnadetsten Rokoko-Maler ein Meisterwerk geschaffen, das in seiner perspektivischen Wirkung unübertroffen ist. Auch was die Dramatik sowie die Lebendigkeit betrifft, fühlt man sich als Betrachter in das Schlachtengetümmel versetzt.

TIPP Das Erlebnisbad Prienavera liegt in Stock direkt am See, in der Nähe des Dampferstegs. Das Bad ist das ganze Jahr geöffnet. Es wird Sauna, Massage und ein Restaurant geboten. Ein weiterer Badestrand liegt in Harras.
Von Prien lässt sich auch bequem eine Inselbesichtigung oder eine Rundfahrt um den gesamten Chiemsee durchführen.

Prienbesucher sollten auch das Heimatmuseum in ihr Programm aufnehmen. Man findet es gleich hinter der Kirche. Die interessanten Sammlungen füllen 20 Räume. Die Themen reichen von Kunstwerken aus Barock und Biedermeier bis Fischen und Weben. Liebhaber von erstklassigen Gemälden können sich an schönen Werken alter Chiemseemaler erfreuen. Kunstfreunde haben noch die Möglichkeit, die Galerie im Alten Rathaus zu besuchen, wo noch mehr Gemälde vom Chiemsee zu sehen sind. Bereits 1957 wurde Prien zum Luftkurort ernannt. Kein Wunder, damals gab es noch nicht so viele Autos im Ort. 1960 erhob man den Ort zum offiziellen Kneippkurort. Für alle möglichen Gebrechen und Wehwehchen werden Therapien angeboten. Auch das kulturelle Angebot ist umfangreich, sodass es dem Gast nie langweilig wird.

Linke Seite: Das historische Dampfschiff Ludwig Fessler.
Kleine Bilder: Dorfansicht in Prien. Sanatorium. Die historische Dampfeisenbahn. Das Erlebnisbad Prienavera in Stock.

TS 3379

Gstadt am Chiemsee

An Schönwettertagen ist der Rummel in Gstadt wahrscheindlich größer als in allen anderen Uferorten. Was ist der Grund dafür? Der Ort liegt einmalig schön. Die Ausflugsschiffe legen hier alle an. Die Inseln sind zum Greifen nah. Außerhalb der Ferienzeit kann man Gstadt als einen der am schönsten gelegenen Orte am Chiemsee empfehlen. Nicht umsonst wird der Blick von hier über die Fraueninsel auf den Hochgern auf zahlreichen Werbeprospekten und Büchern gezeigt, oftmals sogar als Titelbild. Im Frühling oder Spätherbst genieße ich oft die klare Luft eines Föhntages. Dann sitze ich lang auf einer Bank über dem Badestrand oder auf einer der Bänke an der Friedhofsmauer etwas

Linke Seite oben: Blick über die Herreninsel auf Breitbrunn und Gstadt.
Rechte Seite oben: Tiefblick auf die Fraueninsel, Gstadt und Breitbrunn.
Unten: Panoramablick von der Ludwigshöhe in Rimsting.

Luftbildaufnahme von der Schafwaschener Bucht. Links oben Rimsting, darüber der Simssee. Rechts erkennt man Bad Endorf und den Langbürgner See mit Hemdorf.

abseits von der Straße, wo die warme Sonne ansteht und der blaue See in seiner ganzen Pracht vor mir liegt.

Dann ist die Zeit zum Radfahren und Wandern. Der Uferbereich von Gstadt über Breitbrunn, Urfahrn, Kaulbach bis zur Prienmündung ist sicher der schönste und vielgestaltigste am Chiemsee. Ob man mit dem Rad fährt oder zu Fuß unterwegs ist, man entdeckt immer wieder etwas Neues. Viel Natur und herrliche Ausblicke auf den See, die Inseln und die Berge machen

eine solche Tour stets zu einem Erlebnis. Die bunten Segelhäfen beleben das Bild. Einsame Buchten laden zum Rasten ein.

So mancher schattige Biergarten lädt zum Verweilen und zur Stärkung ein. Doch vom Anblick des bayerischen Meeres, in dem sich der weißblaue Himmel spiegelt, wird man, so glaube ich, nie satt.

Gstadt ist der günstigste Ausgangspunkt für einen Besuch der Fraueninsel.

Kirche Breitbrunn am Chiemsee.

Die kürzesten Überfahrten hat man von Prien oder Gstadt. Für die Fraueninsel wählen wir Gstadt als idealen Ausgangspunkt. Eine Ausnahme bilden allerdings längere Kälteperioden, an denen sich der Chiemsee eine Eisdecke zulegt. An solch schönen Wintertagen scheint dann manchmal sogar die Sonne und der blaue Himmel wölbt sich über der weißen, glitzernden Pracht. Dann gehen wir zu Fuß auf die Inseln. Das ist ein Erlebnis besonderer Art.

Die zwei größeren Inseln im Chiemsee – Herren- und Fraueninsel – sind immer einen Besuch wert. Alle größeren Orte rund um den See bieten die Gelegenheit zur Überfahrt.

Vom Ufer und während der Überfahrt können wir bereits einige Häuser erkennen. Was uns aber deutlich ins Auge fällt und der Insel ihr gewisses Gepräge gibt, ist der behäbige Turm mit der dicken Zwiebelhaube. Wir kommen am Nordsteg an und wenden uns am Uferweg nach rechts. Obwohl der Weg nicht unmittelbar am Wasser entlangläuft, hat man immer den Blick darauf. Jedes Haus scheint seinen eigenen Bootssteg zu haben. Mehrere Familien leben hier ausschließlich vom Fischfang.

Die Fraueninsel aus der Vogelperspektive.
Kleines Bild: Klosterturm des Klosters auf der Fraueninsel.
Seite 78/79: Klostergarten auf der Fraueninsel.

Fraueninsel

Hier am Chiemsee ist das sicher eines der ältesten Gewerbe. Die Fischerei ist eine Tätigkeit, welche die Bewohner der Insel und auch der übrigen Uferorte bereits ausübten bevor man überhaupt sesshaft wurde. Ein Überbleibsel also aus der Zeit der Jäger und Sammler. Seitdem hat sich viel geändert, was die Technik und auch das Vorkommen der Fische betrifft. Die Renke ist der schmackhafteste unter allen Chiemseefischen. Sie ist der „Brotfisch" in dieser Gegend. Die Brachsen sind nicht so beliebt, weil sie viele Gräten besitzen.

Schon auf den ersten fünfzig Metern unseres Inselspaziergangs kommen wir zu einer der traditionsreichen Gaststätten. Der „Inselwirt" ist die richtige Adresse, um eine feine Chiemseerenke zu bestellen. In der warmen Jahreszeit sitzt man natürlich auf der Terrasse mit einem herrlichen Blick über den See und auf das Westufer. Fische kann man auch in allen anderen Gaststätten essen, zum Beispiel im alten Traditionsgasthaus „Zur Linde". Der Garten ist mit großen alten Linden bepflanzt, die im Sommer angenehmen Schatten spenden. Auch bei den Fischern selbst stehen Tische und Bänke vor dem Haus. Dort erhält man die geräucherten Renken frisch aus dem Kamin.

Wir haben es nicht eilig. Es gibt ja so viel zu sehen. Auf der Fraueninsel muss man sich Zeit lassen. Beim Vorbeigehen merken wir, dass der Glockenturm zwar zum Klostergebäude gehört aber frei steht. Jetzt erkennen wir erst, welch mächtiges Bauwerk er ist. Sein Durchmesser beträgt fast neun Meter. Die Gründung der Abtei erfolgte im 8. Jahrhundert. Wenn der Turm aus dieser Zeit stammt, und dafür gibt es deutliche Hinweise, ist er eines der ältesten Bauwerke in Bayern. Vermutlich diente er früher als Schutzbau, in den die Inselbewohner bei Überfällen flohen. Die übrigen Klostergebäude, die heute teilweise für Seminare dienen, sind nicht einmal halb so alt.

Vor dem Turm sollten wir noch zur karolingischen Torhalle emporgehen. Dieses ehrwürdige Gebäude wurde im 11. Jahrhundert erbaut, als

TIPP Besucher der Fraueninsel sollten nicht versäumen, das Museum in der Torhalle mit den wertvollen Fresken zu besuchen.

Irmingard, eine Urenkelin Karls des Großen, Äbtissin des Klosters war. Damals wurde die Abtei auf der Insel zur Königspfalz erweitert. Bei einem Überfall durch die Ungarn wurde fast alles verwüstet. Nur die Torhalle besteht bis heute, hier ist ein Museum eingerichtet.

Wenn die Insel auch klein ist, gibt es doch viel zu sehen. Gegenüber der Torhalle kommen wir durch den alten Friedhof zum 900-jährigen Münster. Dem Portal und der Eingangshalle sieht man das Alter an: Dämonenköpfe an den Säulen erinnern an mittelalterliches Gedankengut.

Wie viele Menschen, arme und reiche, mögen wohl über die ausgetretene Türschwelle geschritten sein? An der Südspitze der Insel ruhen wir uns auf einer der Bänke aus, die unter alten Linden zu diesem Zweck aufgestellt wurden. Nach den großen Klostergebäuden werfen wir einen Blick in den bunten Garten, der zum Kloster gehört. Vielleicht sehen wir auch den Fischern zu, die ihre Netze zum Trocknen aufhängen, oder einem Töpfer, der aus einem Klumpen Lehm im Handumdrehen eine Vase zaubert. Kunsthandwerk wird auf der Fraueninsel groß geschrieben. Sogar eine Kunstgalerie, in der hauptsächlich Bilder aus der Umgebung zu erstehen sind, liegt am Weg. Die Fraueninsel ist wirklich ein Gemeinwesen für sich, das sich nur in einem von anderen Dörfern unterscheidet: es gibt keine Autos.

Linke Seite: Blick von Gstadt über die Fraueninsel auf den Hochgern und daneben ein historisches Wirtshausschild vom Gasthof „Zur Linde“.
Kleine Bilder oben: Das Klostertor, daneben die Karolingische Torhalle.
Darunter: Impression auf der Fraueninsel.

Herreninsel

Auf der größten Insel im Chiemsee fand man Hinweise, dass sie schon in keltischer Zeit bewohnt war. Überreste einer keltischen Verteidigungsanlage, einer sogenannten „Keltenschanze", wie man sie auch in der Nähe von Truchtlaching entdeckte, kann man heute noch auf der Südseite der Insel erkennen. Im 7. Jahrhundert soll bereits ein Kloster erbaut worden sein. Vom Bayernherzog Tassilo III. ist überliefert, dass er im Jahre 765 ein Männerkloster auf Herrenchiemsee stiftete. Deshalb der Name der Insel, denn auf der Fraueninsel war der Eintritt ins Kloster nur adeligen Töchtern vorbehalten. Der Frankenkönig Karl der Große stürzte Tassilo im Jahr 788 und übernahm alte Besitzungen im Chiemgau. So kam es dann auch, dass seine Urenkelin Herrin auf Frauenchiemsee wurde. Nachdem wir mit dem Schiff die Herreninsel erreicht haben, kommen wir am „Alten Schloss" vorbei. Eigentlich stammen die Gebäude, die

heute als Hotel und Gasthaus genutzt werden, vom ehemaligen Kloster, das bei der Säkularisation erheblich ramponiert wurde.

Fast alle die hier herkommen sind nur an einem interessiert: sie wollen so schnell wie möglich zum Schloss des Märchenkönigs Ludwig II. In zwanzig Minuten geht man zu Fuß hin. Wer will, kann sich das Vergnügen leisten und sich mit einer Pferdekutsche fahren lassen. Der Weg führt durch den Wald mit alten schattenspendenden Bäumen, so dass man auch in der warmen Jahreszeit nicht schwitzen muss.

Bei der Ankunft am Schlosspark erkennt man sofort, dass hier ein großzügiger Bauherr am Werk war. Eine Schar Gärtner ist das ganze Jahr mit der Pflege der Anlage beschäftigt. Jede Stunde werden die herrlichen Springbrunnen in Gang gesetzt. Götter, Sagengestalten und Fabeltiere aus Marmor und Bronze zieren die Brunnen und Fontänen.

Obwohl das Schloss nie ganz fertig wurde, kostete es damals bereits fast 17 Millionen Goldmark. Die Staatskassen waren leer, doch der König ließ drei Prunkschlösser zur selben Zeit bauen. Dabei ging es ihm gar nicht darum, in diesen Traumschlössern zu wohnen. Was zu seiner Zeit als pure Verschwendung angesehen wurde, erwies sich nach seinem Tod als äußerst gewinnbringend.

Ein geführter Rundgang durch das Schloss ist nicht nur für Kunstfreunde ein großes Erlebnis. Die Ausstattung der einzelnen Räume, so unterschiedlich sie auch sind, zeugt von einem

TIPP Herreninsel: Besucher aus aller Welt sind neugierig auf das prächtige Königsschloss Ludwigs II., der auch als Märchenkönig bezeichnet wird. Auch eine Wanderung rund um die Insel lohnt sich, wenn man Ruhe und Einsamkeit sucht.

einfallsreichen Design und bringt eine Pracht zum Ausdruck, die kaum übertroffen werden kann. Es beweist aber auch großen Sachverstand und Geschmack des Königs selbst, denn die Entwürfe wurden stets nach seinen eigenen Vorstellungen entwickelt. Mit dem Bau wurde im Jahre 1878 begonnen. Georg von Dollmann wurde als Architekt engagiert. Eine Münchner Schreinerei fertigte die Möbel. Die Kristalllüster wurden in Wien bestellt. Die Porzellanlüster stellten Künstler aus Meißen her.

Der größte der üppig ausgestatteten Räume ist der Spiegelsaal. Die besondere Ausstattung besteht aus 33 riesigen Lüstern und 44 Kandelabern, die mit über zweitausend Kerzen bespickt sind. Der König hat sich kurz vor seinem Tod das Vergnügen gegönnt, alle Kerzen im Schloss anzuzünden. Im Spiegelsaal ist eine Seite mit großen Fenstern und die andere mit ebenso großen Spiegeln ausgestattet. Das Tonnengewölbe ist mit viel goldenem Stuck und zahlreichen Skulpturen verziert, während die Deckengemälde Szenen aus dem Leben des Sonnenkönigs darstellen. Ludwig II. hat sich mit seinen Schlössern eine Traumwelt erbaut, um sich aus dem harten Alltag zurückzuziehen. Wenn wir heute das prächtige Schloss besuchen, kommt uns das ebenfalls wie ein Traum vor. Man traut seinen Augen kaum, so viel Herrlichkeit wurde hier geschaffen. So gesehen möchten wir dem „Kini“ direkt danken.

Linke Seite: Vogelperspektive auf Herrenchiemsee mit seinem Schloss und darunter eine Skulptur wie in Versailles.
Rechte Seite kleine Bilder: Aufwändig gearbeitete Skulpturen an der Schlossfassade und am Latonabrunnen im Schlosspark.
Seite 82/83: Schloss des Märchenkönigs Ludwig II.

Seebruck

Die Römer nannten den Ort Bedaium, nach dem Gott Bedaius, den die keltischen Ureinwohner verehrten. Es könnte durchaus sein, dass der See selbst als Gottheit betrachtet wurde. Er erhielt Mensch und Tier gewissermaßen am Leben. Wenn ein Gewittersturm den sonst so sanften Wasserspiegel aufwühlte, flößte er den Bewohnern an seinem Gestade Furcht ein. Der See ernährte und bedrohte sie. Die Anwohner fühlten sich ohnmächtig gegenüber seiner Macht und waren aber auch dankbar für seine Dienste. Als Fischer hatten sie Nahrung von ihm. Doch sie hatten Respekt und Angst, wenn er sich unheimlich wild gebärdete. Sie fühlten sich bewogen, dieser Naturgottheit zu opfern, um sie zu besänftigen. Als dann die Römer kamen, war für sie diese Naturreligion gar nicht so fremd, hatten doch auch sie Neptun, den Gott des Wassers, der bei den Griechen bereits als Poseidon verehrt wurde.

Die Römer errichteten eine Siedlung und ein Kastell. Über die Alz schlugen sie eine Brücke, auf der ihre Straße von Salzburg nach Augsburg lief. Straßen waren im römischen Imperium von

TIPP Seebruck: In dem ehemaligen Bedaium der Römer empfiehlt es sich, in der Römerstraße 3 das Römermuseum zu besuchen. Auf einer Länge von 150 Metern kann man die Grundmauern einer römischen Villa mit Fußbodenheizung besichtigen. Der Ortsteil östlich der Alzbrücke besitzt eine schöne Promenade am Seeufer.

Der Yachthafen in Seebruck mit der Alpenkette.

außerordentlicher Wichtigkeit. Nicht nur die Legionen selbst marschierten auf ihnen, auch Waffen und Verpflegung sowie Handelsgüter wurden auf ihnen transportiert. Es könnte sein, dass es bereits eine frühere Brücke gegeben hat, doch die Römer bauten eine größere, tragfähigere.

Panoramablick von Seebruck aus. Von hier ist bei schönem Wetter die umliegende Bergwelt zu sehen. Rechte Seite kleines Bild: Hotel Wassermann.

In Seebruck hat man umfangreiche Ausgrabungen gemacht. Man fand mehrere Fundamente von römischen Häusern. Eines davon wurde konserviert und kann in einem extra darüber errichteten Pavillon bestaunt werden. Es fällt auf, dass die Römer damals schon sehr komfortabel lebten. Für uns ist eine Fußbodenheizung eine moderne Errungenschaft. Die Römer bauten eine solche Heizung schon vor zweitausend Jahren, wenn auch etwas primitiver. Mehr über die Ausgrabungen kann man im Römermuseum erfahren.

Im heutigen Seebruck beherrscht zumindest im Sommer der Tourismus das Ortsbild. Es gibt Hotels, die allen Ansprüchen der Gäste gerecht werden. Auch sonst hat man viele Einrichtun-

gen, die zu einem modernen Fremdenverkehrsort gehören. Aber vor allem kann Seebruck mit einem modernen Yachthafen aufwarten, der nicht nur für Segler, sondern auch für Spaziergänger interessant ist.

Die Alz, eine *liebenswerte* Flusslandschaft

Als einziger Ablauf des Chiemsees schlängelt sich die Alz in zahlreichen Schleifen durch ein sanftes Hügelland. An ihren Ufern liegen Truchtlaching und viele kleine Weiler, bis sie sich bei Altenmarkt mit der Traun verbindet, um gemeinsam dem Inn zuzustreben.

Der Ort Ising.
Linke Seite oben: Die Alzschleife bei Ischl.
Kleine Bilder linke Seite: Truchtlaching an der Alz, daneben der Ort Ising aus der Vogelperspektive gesehen.
Seite: 90/91: Seebruck am Nordufer des Chiemsees mit dem Abfluss der Alz. Im Süden ist die Kette der Alpen sichtbar.

Seeon

Das einstige Kloster der Benediktiner wurde auf einer Insel im Klostersee erbaut, der nur einer von insgesamt vierzehn Seen ist. Deshalb spricht man von der Seeoner Seenplatte. Mehrere der kleinen Seen sind nicht zugänglich. Sie sind von Moor umgeben und mit Schilf völlig zugewachsen. Unter Naturschutz gestellt dienen sie als Heimat für viele selten gewordene Vögel, Frösche und Amphibien.

Im Jahre 944 soll im Klostersee die erste Benediktinerabtei gegründet worden sein. Die Mönche, die aus Regensburg kamen, waren geschickte Maler, Zeichner und Graphiker. Sie entwickelten Höchstleistungen auf dem Gebiet der romanischen Buchmalerei. Vom 18. Jahrhundert ist uns bekannt, dass im Kloster Seeon viel und sicher auch gute Musik gemacht wurde. Salzburger Komponisten waren häufig zu Gast. Darunter waren Michael Haydn und Wolfgang Amadeus Mozart sowie dessen Vater.

Nach der Auflösung der Abtei wurde das Kloster zu einem Schloss umgebaut, in dem Angehörige der Zarenfamilie nach der russischen Revolution lebten. Zeugen dieser Exilresidenz sind eine Anzahl Grabsteine mit orthodoxen Kreuzen und kyrillischen Grabinschriften auf dem Friedhof vor dem Damm. Der Damm wurde ursprünglich aufgeschüttet, um die Insel mit dem Ufer zu verbinden. Heute merkt man davon nichts mehr, wenn man es nicht weiß. Neuerdings wer-

Blick auf Kloster Seeon mit seinem Klostersee.

TIPP Seeon: Vom großen Parkplatz in der Nähe des Klosters kann man nach dem Besuch des Restaurants in den alten Gewölben das nördliche Seegebiet erwandern, indem man den Holzsteg hinter dem Kloster benutzt. Über den Häusern gibt es einen schönen Aussichtspunkt mit Sitzbank.

den im Kloster Tagungen, Konzerte und Ausstellungen veranstaltet. Die Gebäude des Stifts werden außerdem als Hotel und Restaurant genutzt. Das ruhige Bauernland sowie die vielen kleinen Seen und gemütlichen Dorfgasthäuser in der näheren Umgebung sind bestens für einen Familienurlaub geeignet.

Kloster Seeon.
Kleines Bild: Blick auf das Kloster vom Weinberg aus. Hier kann man die Chiemgauer Berge gut erkennen.

Eggstätter Seenplatte

Wie entsteht so eine Seenplatte? Wir erwähnten bereits den riesigen Gletscher, der vor einigen tausend Jahren die ganze Landschaft bedeckte. Sein enormes Gewicht und auch seine Hobelbewegung schürfte Vertiefungen aus, die sich mit Wasser füllten. Zunächst war nach dem Abschmelzen des Gletschers der riesige See vorhanden, der sich im Süden bis an die Berge und im Norden bis Seeon und Höslwang ausdehnte. Als die Alz ihr Bett tief genug in die mächtigen Moränen eingegraben hatte, lief ein großer Teil des Seewassers aus. Der Chiemsee schrumpfte im Wesentlichen zu seiner jetzigen Form zusammen. Die Vertiefungen, die im Bereich Eggstätt – Hemhof vorhanden waren, blieben mit Wasser gefüllt und bilden die heutige Seenplatte.

Seen, Sümpfe und Wälder stellen eine Freizeitlandschaft dar, wie man sie sich nicht schöner vorstellen könnte. Wanderungen um die einzelnen Seen, von denen es über ein Dutzend gibt, kann man in wenigen Stunden unternehmen oder man kann sie zu Tagestouren ausdehnen.

Eggstätt mit dem Hochgern.

Wanderungen zu den drei großen Seen, von denen es über ein Dutzend gibt, kann man in wenigen Stunden unternehmen oder man kann sie zu Tagestouren ausdehnen. Die drei Seen, den Hartsee bei Eggstätt, den Pellhamer See und den Langbürgner See, kann man allerdings nicht unmittelbar am Ufer umwandern. Teilweise zieht sich der Weg hinter einen breiten Schilfgürtel zurück. Man will dadurch den vielen seltenen Wasservögeln und dem sonstigen Getier einen geschützten Nist- und Lebensraum sichern. Die Wanderer und Radfahrer sind herzlich willkommen, werden aber um Verständnis gebeten. Sie sind aber sicher Naturliebhaber und somit auch Naturschützer und freuen sich über solche Naturschutzgebiete.

Eggstätt mit Hartsee und Pellhamer See.
Kleines Bild: Pellhamer See.

TIPP Die Eggstätter Seenplatte ist ein Gebiet für Wanderer und Radfahrer. Für Wanderer empfiehlt sich die Umrundung des Hartsees. Ausgangspunkt ist der Parkplatz am Freibad in Eggstätt.

Bad Endorf

Schon der Name dieser Gemeinde verrät, dass wir es hier mit einem Kurort zu tun haben. Der Kurgedanke ist in Bad Endorf noch nicht sehr alt. Anfang der 1960er-Jahre entdeckte man hier eine der stärksten Jod-Thermalsolequellen Europas. Das 90 Grad heiße Wasser sprudelt aus einer Tiefe von fast fünftausend Metern an die Oberfläche und speist eine Hallen- und Freibadeanlage, die eine Wasserfläche von etwa tausend Quadratmeter umfasst.

Wasser ist schon seit langer Zeit ein Element der Heilkunde.
Dazu kommt noch ein weiteres Heilmittel, das in der Umgebung von Bad Endorf auf natürlichem Weg gewonnen wird – das Moor. Besonders Personen mit Problemen in den Gelenken und rheumatischen Erkrankungen suchen in Bad Endorf Linderung.

Thermenlandschaft Chiemgau Thermen Bad Endorf, Außenbereich.
Unten: Panoramablick von Bad Endorf auf das Gebirge.

Simssee

Vom Kurzentrum in Bad Endorf sieht man den Simssee in seinem grünen Bett liegen. Der fast sechs Kilometer lange und durchschnittlich 1,5 Kilometer breite See ist wie alle anderen Voralpenseen ein Relikt aus der Zeit, in der riesige Gletscherströme aus den Bergen flossen. Den Simssee haben wir aber nicht dem Chiemseegletscher zu verdanken, sondern dem mächtigen Inngletscher, der sich ursprünglich bis in die Gegend von Wasserburg vorschob. Am Ende seiner kalten Zunge lud er Schutt und Gestein ab, das er aus Tirol oder der Schweiz auf seinem breiten Rücken herausschleppte. Die Ergebnisse sind in Wasserburg an den Böschungen der Innschleife heute noch zu sehen.

Beim Rückgang des Gletschers wurde aus dem Eis Wasser. Das bedeutet, dass ein großer See entstand, der schließlich vom Gebirge bis in die Gegend Attel oder Wasserburg reichte. In diese große Wasserfläche war damals auch der Simssee eingeschlossen. Der Inn grub sich immer tiefer in die Moränen ein, wodurch der See allmählich auslief. Der Simssee aber blieb übrig.

Heute bezieht der Simssee seinen Wassernachschub aus dem Kupferbach und der Antworter Ache, die in der Nähe von Bad Endorf entspringen. Die Sims, die ihn verlässt, mündet bei Rosenheim in den Inn.

Der Simssee mit der Hochrieß.

Kirche von Rain.

TIPP Der Simssee ist als ein angenehm warmer Badesee beliebt. Die Rosenheimer kommen über Stephanskirchen und Baierbach zum Simssee. Doch auch auf seinem Südostufer sind einige schöne Freibäder wie z.B. in Pietzing oder in Ecking. Auch Wanderer und Radfahrer kommen an seinen Gestaden auf ihre Rechnung.

Wasserburg am Inn

Wer eine völlig erhaltene mittelalterliche Stadt erleben will, sollte unbedingt Wasserburg am Inn besuchen. Die Stadt hat ihr Erscheinungsbild seit dem 15. Jahrhundert fast überhaupt nicht verändert. Die Tatsache, dass sie in einer Innschleife liegt, kam ihr in dieser Hinsicht sehr zugute. So konnten sich keine hässlichen Siedlungen und Industrieanlagen an ihre historischen Seiten schmuggeln. Man hat es auch, was sehr lobenswert ist, weitgehend vermieden, Betonbunker und Mietskasernen im Bereich der Altstadt zu errichten. Zuerst war es natürlich die Bahnlinie und der Bahnhof und später der Straßenausbau, die gewisse Eingriffe in die altehrwürdige Bausubstanz erforderlich machten. Dem modernen Straßenverkehr musste man natürlich gewisse Zugeständnisse machen.

Kommt man aus der Münchner Richtung, ist immer noch der schmale Hals, der auf die Halbinsel führt, der einzige Zugang in die Stadt. Besucher aus südlicher und östlicher Gegend hingegen haben die Innbrücke als Zugang zur Stadt. So eigenartig es auch klingen mag, aber man weiß heute immer noch nicht genau, wann die erste Holzbrücke an dieser Stelle geschlagen

Wasserburg mit seiner Innschleife.
Kleines Bild: Die Innbrücke in Wasserburg.

wurde. Im 12. Jahrhundert wird sie jedenfalls urkundlich erwähnt. Der Inn, der im Umgriff der Stadt ziemlich reißend und tief ist, konnte hier nur mit Hilfe einer Brücke überwunden werden. Da auch die Uferformation steil und die Böschungen hoch sind, lag es fern, hier eine Furt zu errichten. Der natürliche Schutz der Stadt, der auf die exponierte Lage auf der Halbinsel im Inn zurückzuführen ist, machte sie zu einem begehrten Handelsplatz. Durch eine Innbrücke hatte man den idealen Kreuzungspunkt wichtiger Handelswege. Diese war die Schifffahrt der uralten Salzstraße, die von Salzburg und Reichenhall bzw. Hallein nach Norden lief.

Im Jahre 1247 vertrieb der Bayernherzog Ludwig nach längerer Belagerung den letzten Hallgrafen aus Wasserburg. Er übernahm die Festung und die Stadt. Das war der Beginn für eine neue Ära. Bald galt Wasserburg als eine der reichsten Städte Bayerns. Mit Handel und Zöllen war leicht Geld zu verdienen. Auch das Handwerk und die Künste kamen in Wasserburg nicht zu kurz.

Aufgrund dieser positiven Entwicklung verlieh der deutsche Kaiser dem Ort 1334 das Allgemeine Stadtrecht. Bald kamen dann auch das Münzrecht, der Pflasterzoll und der Marktzoll hinzu. Dabei hatte Wasserburg das Glück, an einer Salzstraße zu liegen. Als schwarzes Jahr erwies sich das Jahr 1339. Eine verheerende

Wasserburg mit seiner alten Innbrücke und dem Brucktor.
Rechte Seite: Fresko über dem Brucktor.

TIPP Wasserburg am Inn: Im historischen Rathaus gibt es Führungen. Ein Besuch im Städtischen Museum lohnt sich. Für Familien empfiehlt sich das Freizeitzentrum „Badria" mit Frei- und Hallenbad. Neben einem Bummel durch die Altstadtgassen sollte man die schöne Promenade am Inn nicht übersehen.

Feuersbrunst legte fast die ganze Stadt in Schutt und Asche. Interessanterweise baute man die Stadt wieder auf demselben Grundriss auf. Das ist für Freunde historischer Örtlichkeiten auf jeden Fall besonders bedeutsam. Es existieren wirklich nicht mehr viele mittelalterliche Städte, die sich in so langer Zeit im Grundriss und Stadtbild kaum verändert haben. Sogar die Zuordnung der Zünfte und Handwerksbetriebe in die verschiedenen Stadtteile und Straßenzüge blieben erhalten und sind heute noch aus dem Straßennamen zu erkennen. Der heutige Marienplatz, an dem das gotische Rathaus steht, sowie die Frauenkirche und der Stadtturm verdanken ihren Namen einer Mariensäule mit Brunnen, die 1861 aufgestellt wurde. Vorher nur als Marktplatz bekannt, ist von den prächtigsten Häusern der Stadt eingesäumt. Dabei fällt die italienisch anmutende Architektur auf, der Stuck um die Fensterrahmen und die gewölbten Arkadengänge. Mehrere Gebäude sind zum Fluss hin durchbrochen. Dadurch erreicht man heute noch mit wenigen Schritten die herrliche Uferpromenade, die von Spaziergängern über alles geschätzt wird.

Wenn wir schon am Marienplatz sind, sollten wir uns noch einige Minuten Zeit nehmen, um das gotische Rathaus anzusehen. Es ist ein Zeugnis, das sich eine stolze, wohlhabende Bürgerschaft im Jahre 1457 errichten ließ. Bei seinem Plan hielt sich der Baumeister Jörg Tünzl an das allgemein beliebte und anerkannte Muster seiner Zeit. Betrachtet man die beiden zusammengebauten Häuser mit den markanten Treppengiebeln, erkennt man sogar von außen, dass sich im ersten Obergeschoss unter dem höheren Giebel ein großer Saal befinden muss. Das ist das sogenannte Tanzhaus. In ihm fanden alle wichtigen Versammlungen der Räte aber auch der Bürger statt. Anfang des vorigen Jahrhunderts wurde der Saal in seiner jetzigen Form neu gestaltet. Im Erdgeschoss befand

sich die Schranne. Dort verkauften die Bäcker der Stadt ihre Erzeugnisse. Auch Getreide, das speziellen Marktrechten und Steuern unterworfen war, konnte hier erworben werden. In den Räumen ist heute ein Lokal untergebracht. Kommt man vom Chiemsee oder von Rosenheim her und überquert die Innbrücke, fällt einem das Brucktor als erstes ins Auge. Die Brücke läuft unmittelbar in das Stadttor hinein. Die am Inn nahtlos aneinandergebauten Häuser bildeten die Befestigung der Stadt zum Fluss hin. Eine Brücke erforderte von Anfang an ein Stadttor. Es ist also anzunehmen, dass bereits die Hallgrafen Anfang des 12. Jahrhunderts an dieser Stelle ein Tor errichteten. So wie das Brucktor heute aussieht, wurde es bei einem Umbau 1568 gestaltet. Auch die inzwischen restaurierte Bemalung geht auf diese Zeit zurück. Wir erleben Wasserburg als eine Art bewohnte Museumsstadt, in der trotz mittelalterlicher Bausubstanz das Leben wie in allen anderen Städten abläuft. Statt dem Salzhandel bringt der Fremdenverkehr Leben und Geld in die Stadt. Dabei sind die Gäste nicht nur Urlauber, die sich hier für längere Zeit einmieten, sondern hauptsächlich Tagesgäste, die sich die Stadt ansehen.

Kleine Bilder: Die Innstadtarchitektur in Wasserburg, daneben der alte Fischbrunnen. Darunter der Kirchturm der Pfarrkirche.
Rechte Seite: Das Rathaus von Wasserburg.

Año · Dom ·
1 · 4 · 5 · 9

Rosenheim

Wasserburg war längst zur Stadt erhoben, als von Rosenheim noch niemand sprach. Die Grafen von Wasserburg errichteten am hohen Innufer, gegenüber vom heutigen Rosenheim, eine Burg, um die Handelsschiffe am Inn kontrollieren zu können. Im Jahre 1234 wird erstmals vom Schloss Rosenheim am Inn berichtet. Erst 150 Jahre später wird ein Ort gleichen Namens erwähnt, der ein Wappen mit einer Rose aufweist, wie es auch die Wasserburger Grafen für sich in Anspruch nahmen. Es könnte sein, dass damals bereits eine Brücke über den Inn geschlagen war. Es existiert ein alter Stich aus dem Jahre 1701, auf dem eine Brücke zu sehen ist. Von den Römern ist uns bekannt, dass sie eine Brücke schlugen, die ungefähr drei Kilometer stromabwärts bei Langenpfunzen lag. Es

Der Max-Josef-Platz in Rosenheim.
Kleines Bild: Der eigens für die Bundesgartenschau neu angelegte Stadtbach.
Rechte Seite: Das Mittertor vom Ludwigsplatz, das Rathaus und darunter der Marktbrunnen.

ist anzunehmen, dass die römische Brücke vom Hochwasser zerstört und zerfallen war, als die Grafen von Wasserburg die neue Brücke und das Schloss am Schlossberg zu bauen begannen. Als Handelsplatz war Rosenheim von jeher beliebt, weil es an der Innbrücke lag. Der Salzhandel, der sowohl auf den Innplätten an Rosenheim vorbeifloss als auch auf der Straße, die Salzburg mit Augsburg verband, brachte für den Markt einen ansehnlichen Wohlstand. Der Ort erlitt aber auch viele Rückschläge. Überfälle, Brandanschläge, Plünderungen und die Pest. Kaum hatte der Ort einen bescheidenen Aufschwung erlebt, traten der Inn und die Mangfall über ihre Ufer und richteten das Erreichte wieder zugrunde. Auch die Brandkatastrophe von 1641 erforderte einen völligen Neuanfang.

Erst 1864 erhob König Ludwig II. von Bayern Rosenheim zur Stadt. Kurz vorher hat der eigentliche neuzeitliche Aufschwung der Stadt begonnen, als 1857 die Eisenbahnlinie von München an den Toren des Marktes Halt machte. Der Bahnhof wurde schon bald zu klein. Man verlegte ihn aus der inzwischen gewaltig gewachsenen Stadt hinaus. Der erste Bahnhof wurde zum Rathaus umfunktioniert. Damals wuchs die Stadt und auch der Verkehr auf den Straßen nahm beträchtlich zu. Als Folge wurden Stadtmauer und Tore niedergerissen und die Straßen verbreitert. Von den ehemals sechs Stadttoren verschonte man nur eines, das Mittertor. Heute dient es als Heimatmuseum.

Auch der Zweite Weltkrieg hat das Gesicht der Stadt verändert. Durch Bomben zerstörte Häuser wurden nach dem Krieg nicht mehr in

Rosenheim mit den nahen Bergen.
Kleines Bild: Wirtshausschild vom Flötzinger-Bräu in Rosenheim.
Rechte Seite kleine Bilder: Links der Nepomukbrunnen und daneben der Fischbrunnen.

der alten Form wieder aufgebaut. Lediglich am Max-Josef-Platz, dem alten Schrannenplatz, der einst von drei Toren bewacht wurde, kann man noch alte Häuser bewundern. Rund um den Platz gibt es noch die gemütlichen Laubengänge, wie sie für die Inn-Salzach-Bauweise typisch sind.

Das Herz der pulsierenden Stadt, der Max-Josef-Platz, ist seit einigen Jahren Fußgängerzone. Gasthäuser und Cafés erweitern ihre Lokalitäten im Sommer auf den Platz und schaffen dadurch ein buntes, lebendiges Bild. Gegenüber des Rathauses befindet sich heute der Lokschuppen. Ein Ausstellungsgebäude erster Güte! Zu erwähnen wäre auch noch das InnMuseum an der Innbrücke, in dem die Thematik der Schifffahrt und des Wasserbaus dokumentiert sind.

TIPP Rosenheim ist im Altstadtbereich eine typische Innstadt. Das InnMuseum an der Innbrücke gibt Aufschluss über die Schifffahrt und den Wasserbau. Die Räume im „Lokschuppen" zeigen wechselnde Ausstellungen. Das Heimatmuseum im historischen Mittertor geht auf die Geschichte der Stadt ein.

Bis zum Jahre 1958 sorgte das Salz immer noch für Rosenheims Wohlstand. Damals wurde die Saline, die 1810 erbaut wurde, stillgelegt. Eine 110 Kilometer lange Pipeline versorgte die Sudpfannen 148 Jahre lang mit der wertvollen Sole. Damals wurde das Holz, das als Energiequelle diente und in Reichenhall und Traunstein bereits knapp geworden war, auf der Mangfall nach Rosenheim geflößt. Auch dieses Kapitel der Salzgeschichte ist längst Vergangenheit. Alles was noch an diese Epoche erinnert ist die Salinenstraße.

Zu den besonders angesehenen Leuten zählten die Schiffmeister und die Baumeister. Die Schifffahrt auf dem Inn gehört der Vergangenheit an. Gutes süffiges Bier zu brauen, ist nach wie vor eine angesehene Tätigkeit in Rosenheim. Helles, Dunkles und Weißbier sowie viele andere leichte und starke Biersorten stehen heute auf dem Programm. Man versteht Feste zu feiern. Zum Beispiel das jährliche Herbstfest auf der Loretowiese, das an Größe und Beliebtheit nur vom Oktoberfest in München übertroffen wird.

Samerberg

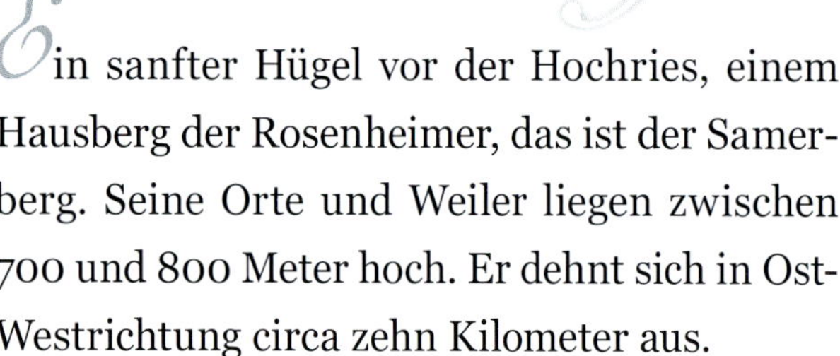

Ein sanfter Hügel vor der Hochries, einem Hausberg der Rosenheimer, das ist der Samerberg. Seine Orte und Weiler liegen zwischen 700 und 800 Meter hoch. Er dehnt sich in Ost-Westrichtung circa zehn Kilometer aus.

Im Sommer stellt er ein vorzügliches Wandergebiet dar. Im Winter finden Schifahrer ihr Vergnügen, ob alpin oder Langlauf spielt dabei keine Rolle. Die meisten Häuser haben Gästezimmer oder Ferienwohnungen zu vermieten. Der Fremdenverkehr ist eine Haupteinnahmequelle auf dem Samerberg.

Panoramablick am Samerberg mit der Ortschaft Törwang, der Hochries und rechts dem Heuberg. Kleines Bild: Steinkirchen am Samerberg.

Das war nicht immer so. Zur Zeit, als die Innschifffahrt noch lebendig war, war auch das Leben auf dem Samerberg weitgehend auf den Inn bezogen. Die Bauern konnten von der Landwirtschaft nicht leben und suchten sich ein zweites Standbein, die Pferdezucht. Als Lasttiere trugen sie Salz und andere Güter durch das Inntal nach Norden und auch nach Tirol und über den Alpenhauptkamm in südliche Gefilde. Die von den Pferden getragene Last bezeichnete man als Saum und die Männer, die dieses harte, gefährliche Gewerbe betrieben, waren die Säumer oder

TIPP Von Grainbach am Samerberg kann man in zwei Phasen auf die Hochries fahren. Mit einem Sessellift bis zur Mittelstation und von dort mit der Gondel zum Gipfel. Am Samerberg kann man unbegrenzt spazieren gehen, ohne viele Steigungen überwinden zu müssen.

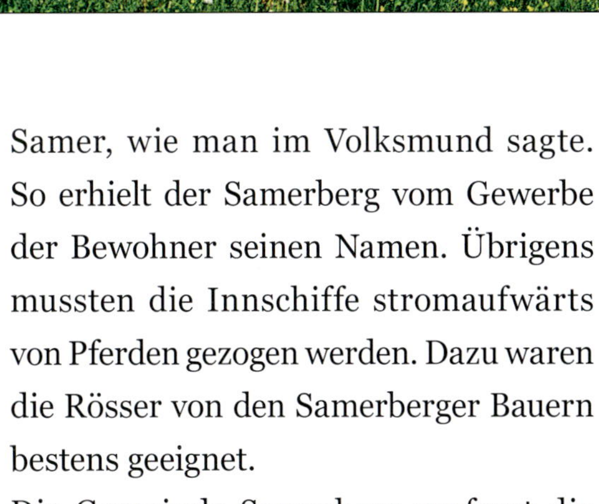

Samer, wie man im Volksmund sagte. So erhielt der Samerberg vom Gewerbe der Bewohner seinen Namen. Übrigens mussten die Innschiffe stromaufwärts von Pferden gezogen werden. Dazu waren die Rösser von den Samerberger Bauern bestens geeignet.

Die Gemeinde Samerberg umfasst die Orte Törwang, Grainbach, Rossholzen und Steinkirchen. Alle vier Orte besitzen eine eigene Kirche. Bei dreien trägt der Turm ein Satteldach. Die einzige Ausnahme bildet Törwang, der größere Ort, weil das Satteldach beim Neubau der Kirche im Jahre 1923 durch einen Spitzhelm ersetzt wurde. Am Kirchplatz stehen schöne bemalte Häuser und ein alter Brunnen. Zwei Kilometer östlich von Törwang liegt das kleinere Grainbach. Dort beginnt die Seilbahn auf die Hochries.

Zwei erwähnenswerte Orte, die bereits im Inntal liegen, sind Nussdorf und Neubeuern. Letzteres kann man ohne Übertreibung als schönsten Marktflecken Bayerns bezeichnen. Ein schmucker Ort, in dem alle Häuser kunstvoll bemalt sind. Man sieht die übliche Lüftlmalerei mit Rokokoornamenten an den Fenstern und Heiligenbildern an den Hauswänden. Es sind auch Szenen aus dem Leben der Innschiffer dargestellt. Durch ein Stadttor kommt man auf den Marktplatz und durch ein zweites verlässt man diesen wieder. Das zauberhafte Ensemble

rankt sich um einen Brunnen, der unter alten Linden steht und von einem Schloss auf einem Felsenhügel überragt wird.

Schloss Neubeuern.
Kleines Bild Mitte: Tiefblick auf den Marktplatz von Neubeuern.
Unten: Dorfplatz von Nussdorf am Inn.

Aschau im Chiemgau

Kommt man auf der Autobahn aus Richtung München, benutzt man die Ausfahrt Frasdorf. Sie ist nach der Raststätte Samerberg die zweite Ausfahrt. Lediglich drei Kilometer sind es noch bis Aschau. Kaum fährt man aus dem Wald heraus, sieht man Aschau, eingebettet in ein grünes, von dunklen Wäldern eingerahmtes Tal, überragt von der schroffen Kampenwand. Die zwei Barocktürme der Pfarrkirche mit den wohlgeformten Zwiebelhauben überragen die Häuser. Dieses beeindruckende Wahrzeichen Aschaus besteht erst seit etwa einhundert Jahren. Im Jahre 1904 erfolgten in der barocken Kirche starke bauliche Veränderungen. Ein zweiter Turm wurde gebaut.

Schloss Hohenaschau.
Rechte Seite: Oben Aschau im Chiemgau und darunter Sachrang mit dem Zahmen Kaiser.

Etwas taleinwärts liegt umringt von einer kleinen Häusergruppe ein höherer Hügel, auf dem

das zauberhafte Schloss Hohenaschau thront. Wie man es bei solchen Burgen und Schlössern gewohnt ist, hat auch Hohenaschau eine bewegte Geschichte. Die Grafen von Hirnsberg, die als Untervögte für den Fürstbischof von Salzburg einen Teil des Chiemgaus verwalteten und die Steuern und Abgaben eintrieben, verschanzten sich 1165 in einer noch kleinen Burg. Das heutige Aussehen geht auf das 16. Jahrhundert zurück, als Pankraz von Freyberg, der die Eisenhütten am Hammerbach gründete, die Festung ausbaute. Von 1609 bis 1853 waren die Grafen von Preysing stolze Besitzer des Schlosses. Zu ihrer Zeit wurden vor allem prächtige Innenräume geschaffen. Auch den Großindustriellen Freiherrn von Cramer-Klett, die das Schloss bis 1942 bewohnten, haben wir einige Umbauten zu verdanken.

Der höchstgelegene Ort im Priental, Sachrang, ist durch die legendäre Person des Peter Huber, der als Müllner-Peter in die bayerische Geschichte einging, bekannt geworden. Er war Müller, Laienarzt, Musiker und Komponist. Wegen seiner Geradlinigkeit und seiner Hilfsbereitschaft kam er wiederholt mit der Obrigkeit in Konflikt. Sein Leben wurde als Theater, Hörspiel und Fernsehfilm wiedergegeben. Sein Heimathof steht in Aschach, einige hundert Meter außerhalb von Sachrang. Fährt man von Hohenaschau taleinwärts, steigt die Straße stetig an. Die Berge treten zu beiden Seiten immer näher an die Straße heran, bis

man Sachrang erreicht, wo sich das Tal etwas weitet. Unmittelbar nach dem Ort beginnt Tirol, was man heute durch den Wegfall der Grenzen nicht mehr wahrnimmt. Der schmucke Ortskern von Sachrang zieht viele Touristen an. Auch Bergsteiger, die auf den Geigelstein, auf dem ein großes Naturschutzgebiet liegt, oder den Spitzstein wollen, beginnen diese Touren in Sachrang. Was aber unbedingt zur Beschreibung des Ortsbildes erwähnt werden muss, ist das Massiv des Zahmen Kaisers, das im Süden von Tirol herüberblickt.

Aschau im Chiemgau mit der Kampenwand.
Kleines Bild: Hausansicht in Aschau.
Rechte Seite unten: Abend auf der Kampenwand.
Von hier oben hat man eine brillante Aussicht auf den gesamten Chiemsee.

TIPP Von Aschau fährt man mit der Seilbahn auf die 1664 m hohe Kampenwand. Die Seilbahn ist ganzjährig in Bertrieb. Von der Kampenwand hat man eine umfassende Aussicht auf den Chiemsee und die übrigen Seen. Die bayerischen, Salzburger und Tiroler Gebirgsketten sind auch gut zu erkennen. Sachrang bildet den Ausgangspunkt zur Priener Hütte am Geigelstein auf 1411 m Höhe. Das ist ganzjährig ein schönes Wandergebiet, auch mit Kindern. Auf der anderen Seite liegt das Wandergebiet am Fuße des Spitzsteins und am Erlerberg.

Tal der Tiroler Ache

Zwischen Kampenwand und Hochgern öffnet sich ein breiter Einschnitt in der Gebirgskulisse. Die Tiroler Ache, die den Hauptzufluss des Chiemsees bildet, hat hier über lange Jahrhunderte gute harte Arbeit geleistet. An der bayerisch-tirolerischen Grenze, wo früher viel Schmugglerbetrieb herrschte, musste sie sich besonders anstrengen. Bevor sie den Durchbruch an der heutigen Entenlochklamm zwischen Kössen und Schleching schaffte, ist sie allem Anschein nach bei Niederndorf in den Inn geflossen.

Schleching ist ein schmucker kleiner Ferienort. Die Barockkirche mit der weiß-gelb bemalten Fassade ist dem heiligen Remigius geweiht. Sie wurde in den 1830er-Jahren erbaut. Ein Blick auf die schönen schmiedeeisernen Grabkreuze im alten Friedhof lohnt sich. Er ist längst zu klein geworden, nicht zuletzt wegen der vielen Neuzuwanderer seit dem Zweiten Weltkrieg. Im neuen Friedhof, der einige Meter vor dem Ort an der Bundesstraße liegt, setzt man die Tradition mit den schmiedeeisernen Grabkreuzen fort.

Marquartstein als Gemeinde ist noch nicht sehr alt. Was hier Geschichte schrieb, ist die Burg mit gleichem Namen, die im 11. Jahrhundert hoch über dem Achental errichtet wurde. Erbauer war

Panoramablick von der Gscheuerwand, links Schleching mit dem Geigelstein, mittig die Kampenwand und die Hochplatte und ganz rechts der Hochgern und Unterwössen.
Rechte Seite: Oben Schleching und darunter Unterwössen.

TIPP Schleching-Ettenhausen: Von hier bietet sich eine Aufstiegsstelle in Form eines Sessellifts, der uns bis 1100 m hinaufbringt. Zum Gipfel des Geigelsteins sind es noch 2½ Stunden.

Graf Marquart II. aus dem mächtigen Grafengeschlecht der Sieghardinger. Er war bekannt und berüchtigt als Minnesänger und Frauenheld. Angeblich wurde er wegen einer Liebesaffäre von einer seiner Geliebten umgebracht. Im Sterben ließ er seine Gattin versprechen, ein Kloster in Baumburg zu stiften, um Ablass für sein liederliches Leben zu erlangen.

Zwischen Marquartstein und Schleching sind die kleinen Ortschaften Raiten und Mettenham zu erwähnen. Dort kann man noch einige schöne alte Bauernhäuser bewundern. Das Mettenhamer-Filz, in der noch viele seltene Blumen wachsen, steht unter Naturschutz. Kommt man zur rechten Zeit auf der Straße zwischen Marquartstein und Raiten vorbei, sieht man vielleicht eine Feuchtwiese, die blau ist von tau-

Niederwessen
Gemeinde Unterwessen
Kgl. Amtsgericht Traunstein
Kgl. Bezirksamt und Aushebungsbezirk Traunstein
Landwehrbezirk Rosenheim
Meldeamt Traunstein

Oben: Wössnersee mit Hochplatte.
Darunter: Staudach mit Hochplatte und Kampenwand.
Rechte Seite: Oberwössen.

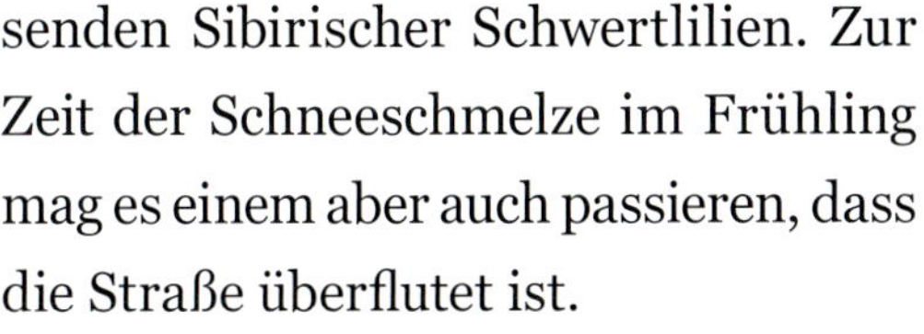

senden Sibirischer Schwertlilien. Zur Zeit der Schneeschmelze im Frühling mag es einem aber auch passieren, dass die Straße überflutet ist.

Die größte und bedeutendste Ortschaft im Tal der Tiroler Ache ist Unterwössen. Hier findet der Tourist alles was er sich für einen angenehmen Urlaub wünscht: Hallenbad, gepflegte Wanderwege, Gasthäuser bis hin zu einem Segelflugplatz, an dem Rundflüge angeboten werden.

TIPP Marquartstein-Niedernfels: Eine Doppelsesselbahn bringt uns bis 1050 m Höhe. Von dort geht man noch eine gute Stunde zur Hochplatte (1587 m), dem schönsten Aussichtsberg auf den Chiemsee. Von Unterwössen gehen wir über die im Sommer bewirtschaftete Ager-Gschwendalm in 3½ Stunden auf den Hochgern.

Ein besonders idyllisches Fleckchen in dieser Gegend ist der stille Wössener See mit Freibad. Über Oberwössen erreicht man den bekannten Wintersportort Reit im Winkl.

Marquartstein mit Hochplatte. Ganz rechts am Bildrand ist der Chiemsee zu sehen.
Kleine Bilder: Dorfansichten von Marquartstein.

Reit im Winkl

Das besondere Merkmal von Reit im Winkl ist die Schneesicherheit. Ein Winter mit wenig Schnee, was man teilweise in den vergangenen Jahren mancherorts zu beklagen hatte, ist in Reit im Winkl nicht vorstellbar. Unten im Ortsbereich haben die Langläufer Möglichkeiten, verschiedene Loipen zu nutzen. Auf der nahen Winklmoos-Alm findet der alpine Schiläufer ein Superangebot an Schiliften. Ein neuer Lift bringt die Sportler ins Almgebiet. Der früher pendelnde Bustransfer hat mittlerweile ausgedient. Auch Langlaufloipen sind in dieser Höhe von tausend Meter und höher gespurt.

Außer dem Schneereichtum kann Reit im Winkl auch mit einem angenehmen Klima und mit viel schönem Wetter aufwarten. Nicht selten kommt man von Norden über den Masererpass und der Nebel wird immer dichter, bis man fast nichts mehr sieht. Dann ganz plötzlich, man kann es kaum glauben, lacht der blaue Himmel über dem Walmberg.

Im Jahre 1160 wird „Rute", was von Roden zum Zweck der Landgewinnung herrührt, zum ersten Mal urkundlich erwähnt. Die armen Bauern und Holzknechte fristeten ein karges Leben in einer sehr abgelegenen Tallandschaft. Deswegen der Zusatz zum Ortsnamen „im Winkl“. Man erzählt sich die Annekdote, die am Haus vom Unterwirt als Fresko festgehalten ist: Beim Wiener Kongress 1815 war man sich nicht im Klaren, ob Reit im Winkl nach Bayern, Salzburg oder Tirol gehörte. Kaiser Franz, der Salzburger Fürstbischof und der Bayernkönig Maximilian I. griffen kurzerhand zu den Spielkarten, um über das Schicksal des Dorfes zu entscheiden. Maximilian konnte mit dem „Schellnunter“ Reit im Winkl für Bayern gewinnen. In unseren Tagen sind einige namhafte Sportgrößen wie Rosi Mittermeier, Evi Sachenbacher-Stehle und weitere, beliebte Werbeträger für Reit im Winkl.

Blick auf Reit im Winkl mit dem Kaisergebirge. Kleines Bild: Ortskern Reit im Winkl.

Lödenalm
Lödensee

Kratzdistel

Blick vom Dürrnbachhorn auf den Weitsee.
Rechte Seite: Oben die Durchkaseralm, darunter eine Jagdhütte unter dem Fellhorn und ein Murmeltier.
Seite 130/131: Am Weitsee.

Ruhpolding

Ruhpolding und Urlaub in den bayerischen Bergen ist eins. Auf dem Maibaum in der Ortsmitte sind ein blauer Omnibus und ein Sonderzug dargestellt. In den 30er-Jahren war es der Reiseunternehmer Dr. Degener, der von Berlin aus Sonderzüge mit Urlaubern nach Ruhpolding schickte. Das war der Anfang einer neuen Zeit, nämlich des Massentourismus.

Die Geschichte des Ortes begann aber schon vor dem Jahr 1000. Ein gewisser Rudpold, so wird berichtet, rodete ein Stück Wald am Ufer der weißen Traun. Vorerst nannte man die Siedlung, die natürlich dem Fürstbischof von Salzburg unterstand, Miesenbach. In den ersten Jahrhunderten fristeten die Siedler ihren Lebensunterhalt vom spärlichen Ackerbau. Als dann die Salinen in Reichenhall und später auch in Traunstein einen großen Holzbedarf anmeldeten, nahm die Holzarbeit einen breiten Raum ein. Das war Arbeit für ganze Kerle, die sich mit dieser lebensgefährlichen Tätigkeit ihren Unterhalt verdienten. Das 1987 eingerichtete Holzmuseum Laubau erinnert an diese harte Erwerbsquelle.

Heute hält ein Tunnel den Verkehr vom Ortskern fern. Der Ort ist somit ziemlich verkehrsberuhigt. Wer nach einem Bummel durch Ruhpolding etwas entspannen möchte, der kann auch das neu restaurierte Wellenerlebnisbad besuchen.

Blick auf Ruhpolding und seine Umgebung. Kleine Bilder: Ortsansichten von Ruhpolding.

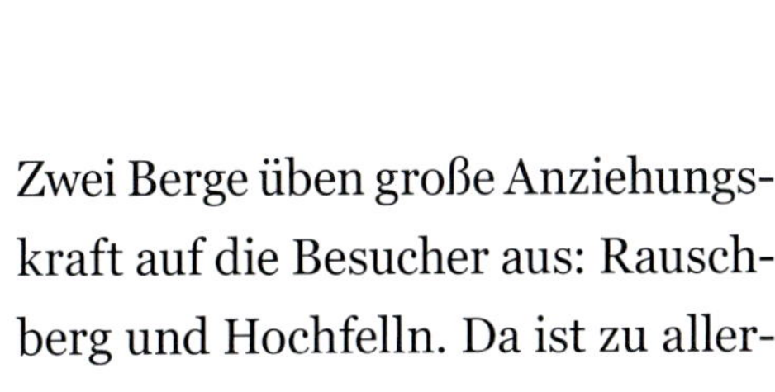

Zwei Berge üben große Anziehungskraft auf die Besucher aus: Rauschberg und Hochfelln. Da ist zu aller-

erst der Rauschberg zu nennen, der in Ruhpolding sozusagen allgegenwärtig ist. Der 1671 m hohe Gipfel ist oben abgeflacht, aber mit einer schroffen felsigen Flanke präsentiert er sich dem Betrachter. Wer ihn einmal ge-

sehen hat, kommt von dem Wunsch, einmal dort oben zu stehen, nicht mehr los. Zu Fuß ist das schon eine anstrengende schweißtreibende Angelegenheit, die etwa 3 bis 3½ Stunden erfordert. Aber nur die wenigsten bezwingen den Rauschberg zu Fuß seit es eine Seilbahn gibt, die die Strecke in wenigen Minuten bewältigt.

Die Aussicht auf den Ort und die umliegenden Berge bis zu den Hohen Tauern und der Zugspitze ist überwältigend. Auch der Chiemsee und die Orte im Flachland entlang der weißen Traun liegen einem zu Füßen.

Manche ziehen es vor, nur den Aufstieg mittels Seilbahn zu bewältigen. Ins Tal gehen sie dann aber zu Fuß. Dabei sollte man natürlich geeignete Schuhe tragen. Am Rauschberg gibt es noch eine zweite Gruppe, die keine Talfahrt bucht. Sie fliegen zurück ins Tal, mit einem Drachen oder Gleitschirm. Ob zu Fuß oder mit der Bergbahn, der Rauschberg ist ein lohnendes Ziel.

Mit dem Hochfelln verhält es sich etwas anders. Dieser 1664 m hohe Gipfel, auf dem ein

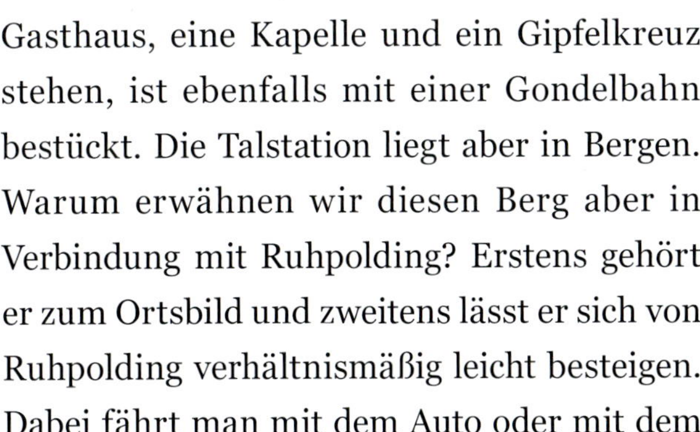

Gasthaus, eine Kapelle und ein Gipfelkreuz stehen, ist ebenfalls mit einer Gondelbahn bestückt. Die Talstation liegt aber in Bergen. Warum erwähnen wir diesen Berg aber in Verbindung mit Ruhpolding? Erstens gehört er zum Ortsbild und zweitens lässt er sich von Ruhpolding verhältnismäßig leicht besteigen. Dabei fährt man mit dem Auto oder mit dem Linienbus bis zur Steinberg-Alm, die bereits auf einer Höhe von 1000 m liegt. Den Rest schafft man in 2½ Stunden zu Fuß. Dabei kommt man auch an der Mittelstation der Seilbahn vorbei und könnte zusteigen. Will man den Hochfelln ohne Anstrengung besteigen, ist Bergen an der gleichnamigen Autobahnausfahrt der richtige Talort, denn von hier bringt uns eine Kabinenbahn in zwei Sektionen auf den Gipfel mit 1664 m Höhe.

TIPP Ruhpolding: Besonders zu empfehlen ist das Holzknechtmuseum in der Laubau. Einen Kilometer weiter liegt das Biathlonleistungszentrum. Das Heimatmuseum befindet sich in der Schlossstraße. Hauptattraktion ist die Rauschbergbahn (1645 m). Will man auf den Hochfelln, 1664 m, hat man von Ruhpolding aus die Möglichkeit, bis zur Steinberg-Alm auf 1000 m mit dem eigenen Fahrzeug zu fahren. Von dort geht man noch etwa 2½ Stunden auf den Gipfel.

Ruhpolding von der Brandlalm.
Linke Seite kleines Bild: Rathaus von Ruhpolding.
Rechte Seite: Die Rauschbergbahn und darunter ein Wasserrad im Holzknechtmuseum.

Inzell

Schon der Name des Dorfes im Tal der roten Traun, der vor tausend Jahren „Incella“ lautete, deutet darauf hin, dass hier alles sehr bescheiden begann. Der Fürstbischof von Salzburg errichtete hier in der Abgeschiedenheit der dunklen Wälder eine Zelle ein, in der einige Mönche lebten. Dieser klösterliche Stützpunkt sollte das Land sichern. In einer Urkunde aus dem Jahre 1177 ist „Incella“ in Verbindung mit einer Schenkung an das Kloster St. Zeno in Reichenhall durch den Salzburger Bischof erwähnt.

Im Mittelalter und bis in das 19. Jahrhundert hinein wurde Bergbau betrieben. Das Wappen Inzells zeigt Hammer und Schlegel, um auf diesen wichtigen Erwerbszweig hinzuweisen. Verschiedene Metalle wurden in bescheidenem Rahmen abgebaut. Man fand Zinkblende, Bleierde und Bleiglanz. Wenn der Bergbau auch längst keinen Profit mehr abwirft, wurden damals einige einflussreiche Männer damit sehr reich. Der Hofmarksrichter Adam Reutter war einer von ihnen. Er baute sich ein herrschaftliches Haus in Inzell, das man heute noch bewundern kann.

Inzell ist natürlich in besonderem Maße mit dem Salz verbunden. Als Besitzung des Salzburger Bischofs und die geographische Nähe zu Reichenhall stellte das Tal der roten Traun eine besonders günstige Verkehrsader dar. Anfangs wurde das Salz in Säcken auf Tragtieren transportiert. Dann wurden die Straßen verbessert,

Der Froschsee an der Deutschen Alpenstraße. Rechte Seite: Ortseingang von Inzell, im Hintergrund die schneebedeckte Reiteralm.

sodass auch Fuhrwerke über die Berge kamen. Ludwig der Bayer baute eine Straße über den 900 m hohen Jochberg, was für die Pferde eine arge Schinderei war. Unter Adam Reutter entstand die „Mauthäuslerstraße“, die im Dritten Reich zur Queralpenstraße ausgebaut wurde. Der Antoniberg, der in jüngerer Zeit untertunnelt wurde, stellte damals erhebliche Anforderungen an Pferde und Fuhrleute.

Inzell mit Kienberg und Rauschberg.
Linke Seite: Der Frillensee.
Rechte Seite: Einsiedel bei Inzell und darunter am Mammut Museum in Siegsdorf.

Als in Berchtesgaden und Reichenhall die Energiequelle Holz zum Heizen der Sudpfannen immer weniger wurde, verlagerte man die Salinen nach Traunstein und später sogar nach Rosenheim. Um die Sole zu transportieren hatte man damals schon die geniale Idee, eine Pipeline zu verlegen. Die Trasse folgte weitgehend der erwähnten Mauthäuslerstraße , wobei beachtliche Höhenunterschiede zu überwinden waren. Dieses technische Wunderwerk des 17. Jahrhunderts lief natürlich auch durch Inzell. Die Gegend um Inzell stellte über viele Jahre Brennholz für die Traunsteiner Saline zur Verfügung.

Salz und Bergbau gehören der Vergangenheit an. Doch auf einem Gebiet ist Inzell heute Weltklasse: es ist ein Mekka für Eisschnelläufer. Kurz nach dem Krieg entdeckten die Freunde dieses Sports den Frillensee, auf dem sich das Eis bis weit in den Frühling hinein hält, weil er von hohen Bergen eingeschlossen ist. Heute besitzt der Ort die modernste Eisschnelllaufhalle der Welt, die Max-Aicher-Arena. In ihr befindet sich auch ein Spielfeld für Eishockey-Fans.

TIPP Inzell ist bekannt durch die modernste Eisschnelllaufhalle, der Max-Aicher-Arena. Diese erhielt die Auszeichnung zur „World Sport Building oft the year 2011". Eine Sehenswürdigkeit an der Straße nach Berchtesgaden ist der Gletschergarten. Wanderungen kann man zum Frillensee oder zum Falkensee unternehmen. Das 1135 m hohe Kienbergl bietet eine tolle Aussicht auf den Ort.

Traunstein

Kurz nach dem Beginn unserer Zeitrechnung richteten die römischen Legionen zwischen ihren Garnisonsstädten Augusta Vindelicum und Juvavum eine Versorgungslinie ein. Straßen waren für die römische Weltmacht für Truppenbewegungen, Handel und Kommunikation äußerst wichtig. Von Salzburg kommend schien ihnen die Anhöhe am Traunufer, auf der heute die Altstadt von Traunstein liegt, als Straßentrasse besonders geeignet. Vielleicht gab es dort eine Furt und einen Trampelpfad, den man ausbauen konnte.

Im 12. Jahrhundert wird uns in alten Urkunden von einer Adelsfamilie berichtet, die sich die „Truina“ nannte. Als diese ausstarben, rissen die Wittelsbacher den Landbesitz an sich. Auch der Salzburger Bischof meldete immer wieder seinen Anspruch auf Traunstein an, was zu kriegerischen Auseinandersetzungen führte. 1275 konnte eine vertragliche Einigung zwischen den beiden Kontrahenten erzielt werden. Traunstein wurde endgültig bayerisch und erhielt ein herzoglich-bayerisches Pflegegericht. Im Jahre 1311 wurden ihr die Privilegien einer Stadt zuerkannt.

Mit seiner Brücke über die Traun lag die Stadt, wie Ludwig der Bayer im Jahre 1346 bestätigte, an der „Güldenen Salzstraße“. Das „weiße Gold“ brachte beträchtlichen Wohlstand in die Stadt. Als 1619 eine eigene Saline gebaut wurde und die Soleleitung den nötigen Grundstoff lieferte, war das der Startschuss für ein neues Zeitalter. Ausgedehnte Wälder um Inzell, Ruhpolding und Reit im Winkl sollten auf unabsehbare Zeit den Brennstoff für die Sudpfannen liefern. Schließlich war auch diese Ära vorüber.

Wer heute die Stadt besucht, freut sich über die schönen Häuser im Stil der Inn-Salzach-Bauweise. Der Stadtplatz mit der Pfarrkirche St. Oswald ist die gute Stube Traunsteins. Am Ostermontag findet hier jedes Jahr der Georgiritt statt.

TIPP In Traunstein findet jeden Ostermontag der traditionelle Georgiritt statt. Sehenswert ist vor allem der historische Stadtplatz und das Heimatmuseum im alten Brothausturm neben der Pfarrkirche St. Oswald. Auch die neue Gestaltung der Bahnhofstraße und des Bahnhofplatzes ist bemerkenswert.

Höhepunkt dieses Festes, das zu Ehren der Pferde abgehalten wird, die am Kirchlein von Ettendorf eine feierliche Weihe erhalten, ist der „Schwertertanz", der auf die Zeit zurückgeht, in

Blick auf Traunstein. Links von der Kirche Hochfelln und Hochgern, rechts davon die Hochplatte und die Kampenwand.
Kleines Bild: Das Heimatmuseum von Traunstein.

der jede mittelalterliche Stadt seine waffentragende Wache hatte. Am Ostende des geräumigen Stadtplatzes stand vor dem großen Brand 1704 die Burg. Von ihr ist eigentlich nichts mehr vorhanden. An ihrer Stelle stehen heute schöne Bürgerhäuser, in deren Erdgeschosse Geschäfte eingerichtet sind. An der Westseite des Platzes stehen sehr alte Gebäude, deren Mauerwerk und Gewölbe dem Brand weitgehend standgehalten haben, wie z. B. der obere Turm oder Brothausturm, der heute zusammen mit dem Nachbargebäude das Heimatmuseum beherbergt. Es werden dort Funde aus der Römerzeit gezeigt. Besondere Aufmerksamkeit gebührt einem alten Stadtmodell und der historischen Zieglerwirtsstube. Im 3. Stock werden sehenswerte Gegenstände aus der Salzgeschichte und der Saline gezeigt.

In den letzten Jahren wurde viel zur Verschönerung der Stadt getan. Verkehrsberuhigte Zonen wurden eingerichtet, indem man einige Straßenabschnitte mit Kopfsteinpflaster versah. An einigen Plätzen, wie am Bahnhofsplatz und auch auf dem Stadtplatz, wurden neue Brunnen errichtet, die das Stadtbild auf gelungene Weise bereichern. An der Ostseite des Stadtplatzes stand bis zum Brand 1851 das Salzburgertor mit dem Maut- oder Jacklturm, von dem man nicht genau weiß, wann er erbaut wurde. 1999 wurde der Jacklturm durch den Förderverein „Alt-Traunstein“ wieder errichtet. Zugleich wurde der gesamte Stadtplatz neu gestaltet.

Linke Seite: Die Bahnhofstraße in Traunstein, darunter die Fassade der Marienapotheke und ganz unten die Ludwigstraße.
Rechte Seite: Der Stadtplatz mit dem Lindlbrunnen und dem Jacklturm.

Cortina
CONDITOREI
STADTCAFE

Altenmarkt & Baumburg

Wenn wir Traunstein in nördliche Richtung verlassen, fahren wir im Tal der Traun. Bei Traunwalchen, das schon in römischer Zeit besiedelt war, können wir zum Schloss Pertenstein, das direkt unten an der Traun liegt, abbiegen. Es gehört den Grafen von Toerring. In den 50er-Jahren fiel einer der beiden Türme einem Brand zum Opfer und wurde seither nicht mehr aufgebaut. Das Schloss war zeitweilig dem Verfall preisgegeben. Heute wird es als Veranstaltungszentrum genutzt.

Altenmarkt.
Rechte Seite: Die Klosterkirche Baumburg und darunter die Innenansicht der Klosterkirche.

Bei St. Georgen zweigt eine Straße nach Traunreut ab. Diese Stadt wuchs erst nach 1945 aus einer Munitionsfabrik, die hier im Wald versteckt war. Viele Heimatvertriebene aus dem Sudetenland und andere deutschstämmige Aussiedler machten sich in Traunreut sesshaft. Industriebetriebe wie Siemens siedelten sich an und sorgten für Arbeitsplätze. Bis heute ist die Stadt ein schnell wachsender Industrie- und Einkaufsort geblieben, der ohne historische Wurzeln und touristische Attraktionen auskommt. Traunreut ist mittlerweile die größte Stadt im Landkreis und besitzt seit 2012 ein neues Kulturzentrum.

Stein an der Traun kann mit drei Burgen bzw. Schlössern aufwarten. In Verbindung mit der Schlossbrauerei befindet sich im Tal ein neugotisches Gebäude, das heute als Landschulheim verwendet wird. In einem senkrechten Nagelfluhfelsen kann man ein Labyrinth von Tunneln und Gängen besichtigen, das einmal als unterirdische Felsenburg ausgegraben wurde, um das sich viele gruselige Geschichten ranken. Und oben auf dem Felsen sieht man schon von weitem eine kleine Burg aus mittelalterlicher Zeit.

Gleich nach Stein an der Traun fällt unser Blick auf eine mächtige Basilika mit zwei Zwiebeltürmen, die hoch oben am Rande einer Böschung steht. Es handelt sich um die ehemalige Stiftskirche des Klosters Baumburg. Ihre Außenwände sind mit vielen bunten Fresken versehen, die Zeugnis von Frömmigkeit und Reichtum sind. Als Augustinerchorherrenstift gehen ihre Anfänge in das Jahr 1156 zurück, in dem der Salzburger Bischof Eberhard die erste Kirche einweihte.

Das Kloster häufte viele Reichtümer an und kam zu umfangreichem Landbesitz in der unmittelbaren Umgebung aber auch in ganz Ober- und Niederbayern sowie im Pinzgau und Niederösterreich. Viele Adelige waren derzeit so sehr um ihr Seelenheil besorgt, dass sie wertvolle Schenkungen an bekannte Klöster veranlassten. Zum letzten Mal wurde die Kirche im 18. Jahrhundert neu gestaltet. Das Deckenfresko von dem Asamschüler Felix Anton Scheffler ist eine künstlerisch gelungene Selbstdarstellung der Augustinerchorherren. Die proportionale Komposition sowie die Anordnung der vielen dargestellten Personen sind von Scheffler auf großartige Weise gelöst worden.

Ein Gemälde über dem Chor erinnert an die Stifterin Adelheid und ihre Beisetzung in der Kirche. Alles ist umgeben von herrlichem Wessobrunner Stuck. Der Ornamentenstuck stellt grazile schwungvolle Ranken dar, die dem Kirchenschiff einen beeindruckenden Rahmen verleihen.

TIPP Nach der Säkularisation im Jahre 1803 wurden einige Gebäude abgetragen, die übrigen in eine Brauerei umgebaut, die heute noch existiert und eine beliebte Ausflugsgaststätte in den alten Mauern betreibt.

40 JAHRE
LANDSCHULHEIM
SCHLOSS STEIN

Trostberg

Trostberg, eine kleine Stadt mit Industrie und Handwerk, weist alles auf was man von einer Stadt erwartet. Die Herkunft ihres Namens ist umstritten. Die Burg, die über der Stadt trohnte, mag den Bürgern in Zeiten der Bedrängnis gewissermaßen „Trost" gespendet haben. Vielleicht hat man die Festung aber auch als Trutzburg bezeichnet. Sie trotzte dem ewigen Feind aus dem Osten. Das war Bayerns Rivale, der Fürstbischof von Salzburg.

Mitte des 13. Jahrhunderts fiel Trostberg den Wittelsbachern zu. Die Wittelsbacher verlegten den Markt, der damals in Baumburg stattfand, in die Stadt, die inzwischen neu befestigt wurde. Auch das Gericht wurde nach Trostberg verlegt. Als damalige Grenzfestung zu Salzburg erlebte die Kleinstadt einen stetigen Aufschwung. Erst nach dem Wiener Kongress änderte sich die Situation. Die Grenze wurde an die Salzach verlegt und die Festung Trostberg hatte keine Funktion mehr.

Die touristisch interessante Altstadt besteht im Wesentlichen aus der Pfarrkirche und zwei geschlossenen Häuserzeilen. Die etwas tiefer liegende, südliche wird als Vormarkt und die nördlich der Kirche liegende als innerer Markt bezeichnet. Schöne Bürgerhäuser stehen auf jeder Seite der Straße, die sich nur vor der Kirche ein wenig zu einem Platz verbreitert.

TIPP Trostberg ist eine typische Kleinstadt im Inn-Salzach-Stil mit hochgezogenen Giebelmauern. Hinter der Kirche führt ein romantischer Fußweg zu den Resten der ehemaligen Burg.

Der jüngere Vormarkt ist etwas großzügiger angelegt.

Seit es eine Teilumgehungsstraße gibt, ist das Altstadtviertel angenehm verkehrsberuhigt. Unten an der Alzbrücke hat man einem adeligen Sohn der Stadt ein Denkmal gesetzt. Hans von Pienzenau war Pfleger der damals noch bayerischen Festung Kufstein.

Als Kaiser Maximilian die Festung besetzen wollte, zeigte ihm der Pienzenauer sein nacktes Hinterteil und wünschte ihm das „Götzzitat". Der Kaiser verstand aber keinen Spaß und ließ den frechen Bayern enthaupten. In der speziellen Pose kann man den Pienzenauer auf dem ihm gewidmeten Brunnen bewundern.

Der Pienzenauer Brunnen.
Bilder linke Seite: Oben links Trostberg, daneben Schloss Pertenstein, links unten das Landschulheim in Stein an der Traun und zuletzt noch der Schlosswirt in Stein an der Traun.

Waginger und Tachinger See

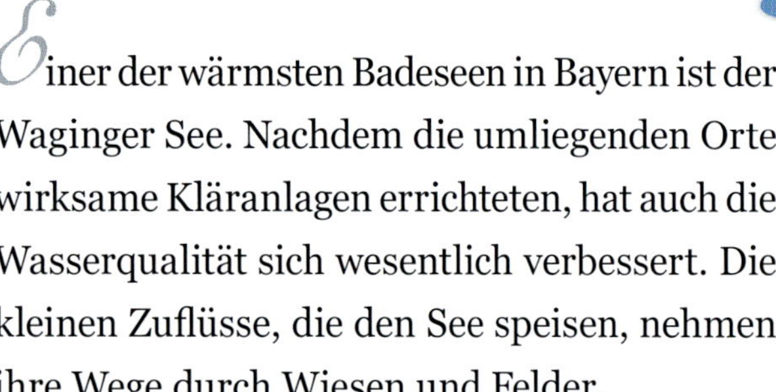

Einer der wärmsten Badeseen in Bayern ist der Waginger See. Nachdem die umliegenden Orte wirksame Kläranlagen errichteten, hat auch die Wasserqualität sich wesentlich verbessert. Die kleinen Zuflüsse, die den See speisen, nehmen ihre Wege durch Wiesen und Felder.

Zwischen Waginger und Tachinger See besteht eine Engstelle, die von einer Brücke überspannt wird. Die schmale Verbindung der beiden Seen ist keine Laune der Natur.

Erst 1867 hat man hier einen Damm aufgeschüttet, der es ermöglichte, eine Brücke über den See zu schlagen. Erst dadurch wurden es zwei Seen, die ihr Wasser miteinander austauschen können. Obwohl sie vor nicht allzu langer Zeit ein einziger langgezogener See waren, sind sie heute im Aussehen und der Wasserqualität ziemlich verschieden.

Fährt man auf der Straße von Waging nach Tittmoning an ihnen entlang, fällt bei jedem Wetter und in jeder Jahreszeit sofort auf, dass sie sich farblich extrem unterscheiden.

Waging am See verschrieb sich, nicht zuletzt wegen seiner Lage in der Nähe des Sees, schon früh dem Fremdenverkehr. Hotels und Gast-

Waging, Blick auf das Strandkurhaus.
Kleines Bild: Strandbad in Waging.

TIPP Der Waginger See ist einer der wärmsten Badeseen Bayerns. Für Radfahrer ist es ein Erlebnis, den Waginger und Tachinger See zu umrunden. Um den Waginger See sind es 24 Kilometer und um den Tachinger See 16 Kilometer.

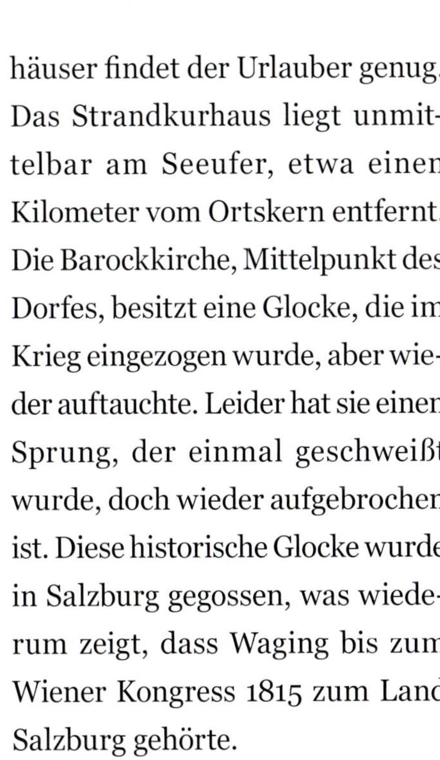

häuser findet der Urlauber genug. Das Strandkurhaus liegt unmittelbar am Seeufer, etwa einen Kilometer vom Ortskern entfernt. Die Barockkirche, Mittelpunkt des Dorfes, besitzt eine Glocke, die im Krieg eingezogen wurde, aber wieder auftauchte. Leider hat sie einen Sprung, der einmal geschweißt wurde, doch wieder aufgebrochen ist. Diese historische Glocke wurde in Salzburg gegossen, was wiederum zeigt, dass Waging bis zum Wiener Kongress 1815 zum Land Salzburg gehörte.

Blick über den Tachinger See auf Untersberg, Hochstaufen und Zwiesel.
Kleine Bilder oben: Das Ortszentrum von Waging und darunter das Strandkurhaus am Waginger See.

Schwertlilien

Tittmoning

Eine Burg von den Salzburger Bischöfen erbaut und ein überdimensionaler Stadtplatz mit mehreren Brunnen, das ist Tittmoning. Errichtet wurde es einst, um sich gegen die Bayern zu verteidigen und das Land zu schützen. Die Fürstbischöfe hielten sich in Tittmoning zur Jagd auf. Die Hügellandschaft in der Salzach war damals noch mit großen Waldflächen bedeckt. Heute ist die Burg bewohnt und dient als Heimatmuseum, in dem auch Funde aus der Römerzeit ausgestellt sind, die im Ort ausgegraben wurden.

Burg von Tittmoning.

Der Name der Stadt wird von einem bajuwarischen Wort abgeleitet. Im 12. Jahrhundert war hier ein Rittergeschlecht der Titomaningen beheimatet. Bereits 1234 wurde der Ort mit der Festung zur Stadt erhoben und mit einer Stadtmauer, in der die Festung mit einbezogen war, erbaut. Ganze drei Jahre von 1324 bis 1327 gehörte Tittmoning zu Bayern. Es war Ludwig der Bayer, dem die Eroberung gelang. Seine Freude währte nicht lange. Der Fürstbischof von Salzburg machte einige Golddukaten locker und kaufte seine geliebte Festung und Jagdresidenz wieder zurück. Erst 1810 wurde Tittmoning endgültig bayerisch.

Unmittelbar an der Salzach erbaut, war es leicht denkbar, dass Tittmoning von häufigen Hochwassern geplagt wurde. Diese Gefahr ist heute durch die Sanierung des Flusses abgewandt. Eine andere Gefahr waren Brände, verursacht von den damals üblichen offenen Feuerstellen. So wurde die Stadt 1571 in Schutt und Asche gelegt. 1815 wütete ebenfalls eine verheerende Feuersbrunst, die der Stadt beträchtlichen Schaden zufügte.

Bis 1842 bestand mit dem gegenüberliegenden Flussufer nur eine Fährverbindung. Dann wurde die erste Brücke errichtet, die zugleich offizieller Grenzübergang war. Bis 1933 war sie dem Verkehrsaufkommen gewachsen, dann musste eine neue breitere Betonbrücke gebaut werden, die bis heute ihre Dienste tut.

Die Häuser rund um den Stadtplatz sind in der typischen Salzachbauweise errichtet. Dabei hat man die Giebelmauer hochgezogen und oben begradigt, um die Häuser größer und vornehmer erscheinen zu lassen. Die Fassaden leuchten in allen Farben. Geschmückt sind die Häuser zudem mit Erkern und Stuckverzierungen an den Fenstern. Wirtshäuser und auch andere Geschäfte tragen oft kunstvoll geschmiedete Schilder, auf denen allerhand Skulpturen abgebildet sind. Das Rathaus steht nicht in der Reihe der übrigen Häuser, sondern einige Meter in den Platz hinein, damit von ihm aus der ganze Stadtplatz eingesehen werden konnte. Die gol-

Marktplatz in Tittmoning und das Salzburger Tor.

denen Cäsarenköpfe, die das Rathaus schmücken, regen zum Schmunzeln an. Sind sie nicht ein deutliches Zeichen von Selbstbewusstsein? Das Rathaus ist im 13. Jahrhundert entstanden und öfters umgebaut worden.

Nähert man sich Tittmoning von Süden, fällt einem schon von Weitem die Burg ins Auge. Die Burg steht zwar hoch über der Stadt, ist aber seit jeher in die Befestigungsmauer einbezogen. Die heutige Anlage geht in das 13. Jahrhundert zurück. Sie wurde von den Fürsterzbischöfen von Salzburg errichtet.

Am Salzburger Tor kann man heute noch das Wappen von Erzbischof Markus Sittikus bewundern. Bei einem Umbau schuf Johann Michael Rottmayr in der Burgkapelle das Altarbild. Der Künstler, dessen Gemälde auch in der Salzburger Residenz und in vielen Gebäuden in Österreich zu bewundern sind, wurde in Laufen geboren.

Marktplatz in Tittmoning.
Kleines Bild: Dieses Wirtshausschild erinnert an die Salzachschifffahrt.
Rechte Seite: Stadtpfarrkirche.

TIPP In Tittmoning findet man auf dem Stadtplatz immer einen Parkplatz. Wenn man dann bei der Pfarrkirche zur Burg hinaufgeht, verschafft man sich einen informativen Überblick über die mittelalterliche Kleinstadt. Auf der Burg befindet sich auch das Heimatmuseum.

Laufen

Man könnte fast sagen Laufen „in" der Salzach, denn die Stadt ist buchstäblich von der Salzach umschlossen, die hier eine extreme Schleife beschreibt. Der Name Laufen weist auf die gefährlichen Stromschnellen hin, die einst für die Schifffahrt ein unüberwindliches Hindernis darstellten. Die Plätten von Hallein und Salzburg kamen schwerbeladen mit dem weißen Gold, dem Salz, bei Laufen an. Dort wurde die Fracht ausgeladen, über die schmale Landzunge gebracht und nach der Schleife wieder auf Schiffe verladen. Das war eine schwere Arbeit und kostete den Schiffsteigern eine Menge Geld und trug zum Wohlstand Laufens bei.

Die Salzachschleife, links das österreichische Oberndorf und rechts Laufen mit seiner Pfarrkirche.

Damals waren die Winter kalt und die Salzach war monatelang nicht schiffbar. Da kamen die Schiffsleute, die ihre Arbeitslosigkeit überbrücken wollten auf die Idee, eine Theatergruppe zu bilden und von Stadt zu Stadt und von Dorf zu Dorf zu ziehen. Diese kulturellen Bemühungen fanden in der damaligen Zeit, in der es wenig Abwechslung gab, regen Anklang.

Noch heute betritt man die Altstadt durch ein Stadttor. Das kurze Straßenstück vom Tor bis zur Salzachbrücke ist meist dem modernen Autoverkehr nicht gewachsen. Wer aber rechts oder links in eines der engen Gässchen abbiegt, wird seine Freude haben und manches Neue entdecken. Die von der Salzachschleife gebildete Halbinsel ist eng bebaut. Man staunt über die großen Häuser die alle in der Salzachbauweise errichtet sind. Hohe Feuermauern lassen die Fassaden höher und herrschaftlicher erscheinen.

Handelsplätze wie Laufen waren Anziehungspunkte für den wohlhabenden Landadel sowie für Handwerker, die hier gutes Geld verdienten.

TIPP In Laufen lohnt es sich, unten an der Salzach um die Altstadt herumzugehen. Einige Gässchen und Treppenaufgänge werden uns neugierig machen. In der neuerbauten Salzachhalle finden vielerlei Veranstaltungen statt, unter anderem Theater und Konzerte.

Das bedeutete wiederum Arbeit für Architekten und Baumeister. Die Erzbischöfe von Salzburg bewachten ihr geliebtes Laufen wie ihren Augapfel, indem sie für eine Garnison und eine starke Befestigung sorgten. Diese Politik erwies sich als äußerst weitsichtig. Als die bayerischen Herzöge Reichenhall mit den Salzquellen an sich brachten, liebäugelten sie auch mit Laufen. Doch die Verteidigungsstrategie der Salzburger erwies sich als erfolgreich. Hätte man Laufen an die Bayern verloren, hätten diese an der Salzachschleife den Zoll kassiert.

Wer heute über die eiserne „Länderbrücke" ins österreichische Oberndorf hinübergeht oder fährt, könnte denken, er benutzt hier eine alte Flussüberquerung. Doch dem ist nicht so. Sowohl die Brücke als auch der auf österreichischer Seite sichtbare Ort sind erst etwas über einhundert Jahre alt. Als die Brücke, die das Monogramm von Prinzregent Luitpold von Bayern und Kaiser Franz Josef von Österreich trägt, 1903 eingeweiht wurde, waren die beiden Monarchen anwesend. Die für die damalige Zeit

Blick über die Salzach auf Oberndorf.
Kleines Bild linke Seite: Oberes Stadttor in Laufen.
Rechte Seite kleine Bilder: Die Länderbrücke mit der Kirche von Oberndorf. Oben der Abtsdorfer See und darunter die neue Brücke am Kalvarienberg.

sehr moderne Eisenkonstruktion ist 166 Meter lang und wiegt 636 Tonnen. Bis 1897 gab es eine Brücke auf der anderen Seite der Flussschleife. Man verließ durch das untere Tor, das heute noch besteht, die Stadt und gelangte über die Holzbrücke direkt nach Altach, genau an die Stelle, wo die Treppenanlage zum Kalvarienberg beginnt. Ein verheerendes Hochwasser zerstörte die Brücke. Weil dies nicht das erste Mal war, entschloss man sich für den Neubau an einer weniger gefährlichen Stelle. Wenn die Salzach wenig Wasser führt, kann man noch Reste der Holzpfeiler im Flussbett erkennen, die von der alten Brücke stammen.

Freilassing

Der Grenzort ist nur durch eine Brücke über die Salzach von Salzburg getrennt. Erst seit 1810 gehört Freilassing zu Bayern. Nach dem zweiten Weltkrieg begann ein starkes Wachstum der Bevölkerung und der Industrie. 1954 erfolgte die Stadterhebung. Freilassung ist heute das wirtschaftliche Zentrum des Landkreises „Berchtesgadener Land". In der Lokwelt, einem Eisenbahnmuseum, das sich im alten Rundlokschuppen befindet, können Eisenbahnfans alte Dampf- und Elektrolokomotiven bestaunen. Teisendorf ist einer der Hauptorte des Rupertiwinkels, der bis 1810 zu Salzburg gehörte. Zwischen Teisendorf und Neukirchen an der Autobahn befindet sich das Bergbaumuseum Achthal. Hier wurde bis 1925 Eisenerz gewonnen. Das Eisen war sogar von ausgesprochen guter Qualität.

Freilassing mit den Berchtesgadener Bergen. Kleines Bild: Pfarrkirche St. Rupert in Freilassing. Unten: Anger mit Hochstaufen.

Blick auf Teisendorf.

Höglwörth

Ein idyllisches Kleinod in einem stillen Winkel, so erscheint der kleine Höglwörther See, der in einer von dunklen Wäldern eingerahmten Mulde liegt. Obwohl die viel frequentierte Autobahn München-Salzburg und auch die Staatsstraße von Teisendorf nach Anger ganz in der Umgebung am kleinen See vorbeilaufen und somit viele Menschen in unmittelbarer Nähe vorüberkommen, biegen nur solche an diesen wohlbehüteten Ort ab, die ihn kennen. Den Reisenden auf der Autobahn bleibt der See völlig verborgen. Sein Bett ist tief und die ihn schützenden Wälder sind fast undurchdringlich. Von der Straße wird ihn ein Ortskundiger auch nicht sehen, weil sein Ostufer mit Schilf bewachsen ist.

Blickt man von Teisendorf kommend bei Mayrhofen von der Straße hinunter, sieht man den Turm der Kirche und die hohen Dächer des Klosters über die alten Bäume aufragen. Den kulissenartigen Hintergrund bilden der Teisenberg, der bis obenhin bewaldet ist, sowie

Hochstaufen und Zwiesel. Vom Wasserspiegel des Sees ist nur wenig zu sehen. Wer einmal von diesem wunderschönen Ort gehört hat, wird den unwiderstehlichen Wunsch nicht los, um den See zu wandern, die Stille zu genießen und zu sehen, wie sich das alte Kloster im See spiegelt. In einer halben Stunde geht man leicht zu Fuß um den See. Beim Seegasthaus kann man den Wagen parken. Auch die Linienbusse fahren von Bad Reichenhall oder von Teisendorf hierher.

Das ehemalige Kloster wurde auf einer Insel im See erbaut. Man überschreitet auch heute noch eine Brücke, obwohl man den Übergang eher als Damm empfindet. Das erste Gebäude ist die Kirche St. Peter und Paul.

Die übrigen Bauten sind so angeordnet, dass ein hoher schmaler, sehr schattiger Innenhof entstand. Ein Tor bringt uns in den Hof hinein und ein zweites geleitet uns auf der gegenüberliegenden Seite wieder hinaus. Die Klosteranlage befindet sich seit langem im Besitz der Teisendorfer Privatbrauerei, deren süffiges Bier auch in der Gaststätte mit dem kühlen Biergarten ausgeschenkt wird.

Anger ist ein günstiger Ausgangspunkt für eine Wanderung nach dem nur einen Kilometer entfernten Höglwörth. Auch auf den Teisenberg und den Högl sowie zu einem Dutzend kleiner liebenswerter Ortschaften und Weiler erreicht man von Anger aus.

König Ludwig I. von Bayern bezeichnete Anger einmal als den schönsten Ort Bayerns. Wenn das auch nicht die Überzeugung aller sein sollte, so ist an dieser Beurteilung doch etwas dran.

TIPP Ein Rundgang um den See von Höglwörth ist Balsam für die Nerven und ein Tipp für alle Fotografen. Nach der Betrachtung der Klostergebäude, die Privatbesitz sind, schmeckt unter den alten Kastanien ein kühles Bier besonders gut.

Linke Seite: Kloster Höglwörth.
Rechte Seite: Frühling in Höglwörth und darunter Innenhofansicht des Klosters Höglwörth.
Seite 166/167: Anger mit Hochstaufen.

Bad Reichenhall

Ein Kurort in den bayerischen Bergen, ja ein Staatsbad mit prominenten Kurgästen. Früher war es der Adel, der etwas für die Erhaltung der Gesundheit tat. Kuren war immer eine Angelegenheit, die Geld kostete. Im 19. Jahrhundert und auch Anfang des 20. Jahrhunderts hätte kein Fabrikarbeiter oder einfacher Handwerker daran gedacht, einige Wochen im Jahr in einem Kurort zu verbringen, um dort sein Rheuma oder seine Gelenkschmerzen auszukurieren. Forscht man aber in alten Chroniken, stellt man fest, dass Bad Reichenhall beim Adel und dem aufstrebenden Bürgertum hohes Ansehen genoss. Im Jahre 1886 zum Beispiel verbrachte Prinz Wilhelm von Preußen, später Kaiser Wilhelm II., mit seiner Gattin, der Prinzessin Auguste Viktoria, zehn Wochen in Bad Reichenhall.

Die Besiedelung des klimatisch begünstigten Talkessels, der nach Nordosten geöffnet ist, erfolgte schon lange vor Beginn unserer Zeitrechnung. Unterhalb des Schroffens und auch im nahen Kirchberg wurden Gräber entdeckt, in denen man Keramikscherben und Steinwerkzeug fand. Das verwundert einen nicht, denn auch im Salzachtal, besonders am Dürrnberg hoch über Hallein, wurden keltische Siedlungen

Bad Reichenhall mit Hochstaufen, rechts vorne Bayerisch Gmain.
Kleines Bild: Die Philharmonie.
Rechte Seite: Kurgastzentrum in Bad Reichenhall.

ausgegraben. Was die Herkunft des Namens Reichenhall betrifft, brauchen wir nicht erst lange zu rätseln. „Hall“ ist ein Begriff aus dem Germanischen, der Stellen bezeichnete, an denen Salz abgebaut wurde. „Reich an Hall“ bedeutet so viel wie reich an Salz. Unserer Vorfahren hatten diese bis heute bestehende Tatsache bereits richtig eingeschätzt. Der Aufschwung und Wohlstand der Stadt ist also in erster Linie dem reichen Salzvorkommen zuzuschreiben. Historiker bestätigen uns, dass bereits die Kelten in dieser und in benachbarten Gegenden Salz aus der Erde gewannen und damit regen Handel betrieben. Wo salzhaltiges Gestein vorkam, entwickelten sich schon hochstehende Kulturen, bevor die Römer über die Alpen kamen. Genau das trifft auch auf den Raum um Salzburg und Bad Reichenhall zu.

Als dann die Römer immer weiter nach Norden vordrangen und hier ihre Provinz Noricum gründeten, ging es ihnen wieder um die reichen Salzvorkommen. Die Einnahme der Salzquellen ging bestimmt nicht immer kampflos ab. Doch den starken römischen Legionen konnten die Ureinwohner des Saalachtales nichts entgegensetzen. Die Römer legten größten Wert auf den Salzhandel. Er war eine ergiebige Einnahmequelle die an den Staatshaushalt und die Rüstungsindustrie floss. Die Salzwirtschaft war übrigens ausschließlich Angelegenheit des Kaisers.

Reichenhall ist eine der ältesten Städte Bayerns. Seit dem Jahr 1158 besitzt sie die Rechte und Pflichten eines Stadtwesens. Das älteste bekannte Stadtsiegel mit dem Osterlamm,

dem „Sigillum de Halle“, stammt aus dem Jahr 1279. Erst im vorigen Jahrhundert wurde das Wappen von Bad Reichenhall mit Panther und Rautenmuster geschmückt. Die Geschichte der Stadt hatte immer einen engen Zusammenhang mit dem Salz. Das war zur Zeit der Kelten, Römer und Bajuwaren so, doch ganz besonders seit Bischof Rupertus im nahen Salzburg aktiv wurde. Der Gründer eines Nonnenklosters in Salzburg tat sich auch im Geschäft mit dem Salz besonders hervor. Rupertus war auch Herr über den Platz mit „Brunnen und Sieden zu hala“.

Wer Bad Reichenhall besucht, sollte unbedingt die Alte Saline besichtigen. Bei einer Führung durch die alten kühlen Stollen im Quellenbau erfährt man so manches über das weiße Gold. Nirgends auf dem europäischen Kontinent findet man so gehaltreiche natürliche Salzquellen wie hier. Auch technisch war man immer auf dem neuesten Stand. Im Quellenbau kann man Pumpenwerke bestaunen, die seit vielen Jahrhunderten in Betrieb sind. Einen imposanten Anblick bilden die beiden dreizehn Meter hohen Antriebsräder der Pumpstation im Eingangsbereich.

Ein Kapitel für sich ist die Geschichte der Soleleitungen. Zum Heizen der Sudpfannen, in denen durch die Verdampfung aus Sole Salz gewonnen wurde, benutzte man ausschließlich Holz. Das führte zu einem beträchtlichen Raubbau in den Wäldern. Dadurch kam man auf die Idee, die Sole dorthin zu führen, wo noch Heizmaterial vorhanden war. Die Soleleitungen

Oben die Konzertrotunde im Kurpark Bad Reichenhall, darunter der Solebrunnen und das Gradierhaus. Unten das Königliche Kurhaus.

waren also Pipelines, die aus hohlen Baumstämmen hergestellt wurden. Im Gebirge waren natürlich beträchtliche Höhenunterschiede zu überwinden. Das war wiederum eine Herausforderung für die bayerischen Ingenieure. Sie erwiesen sich als geniale Erfinder von wasserbetriebenen Pumpen und Rohranlagen. Zwei der herausragenden Namen sind der Hofbaumeister Reiffenstuel und sein Nachfolger Georg Friedrich von Reichenbach, deren Pipelines schließlich nach Traunstein und Rosenheim liefen. Bergsteiger, Wanderer und Spaziergänger erfreuen sich heute an den Soleleitungstrassen, die größtenteils als Wanderwege gepflegt werden. Kunstliebhaber sollten es nicht versäumen, die im Norden der Stadt gelegene Stiftskirche St. Zeno, die zum Kloster der Englischen Fräulein gehört, zu besuchen. Sie ist eine der größten romanischen Sakralbauten in Bayern. Das Portal aus hellrotem Adneter Marmor, dem man sein Alter ansieht, ist von besonderer Schönheit. Der Innenraum wurde mehrmals umgestaltet. Der Hochaltar, auf den der erste Blick des Besuchers fällt, ist ein Werk der Gotik und besteht im Mittelteil aus einer hervorragend geschnitzten „Krönung Mariens“. Was an bestimmten Tages- und Jahreszeiten immer wieder fasziniert, ist das Spiel der Sonnenstrahlen im dreißig Meter breiten Raum des Münsters. In Bad Reichenhall verspürt man angesichts der umliegenden Berge auch den Drang, die Stadt von oben zu betrachten. Auf den 1613 m hohen Predigtstuhl führt eine Gondelbahn hinauf. In wenigen Minuten erreicht man die Bergstation

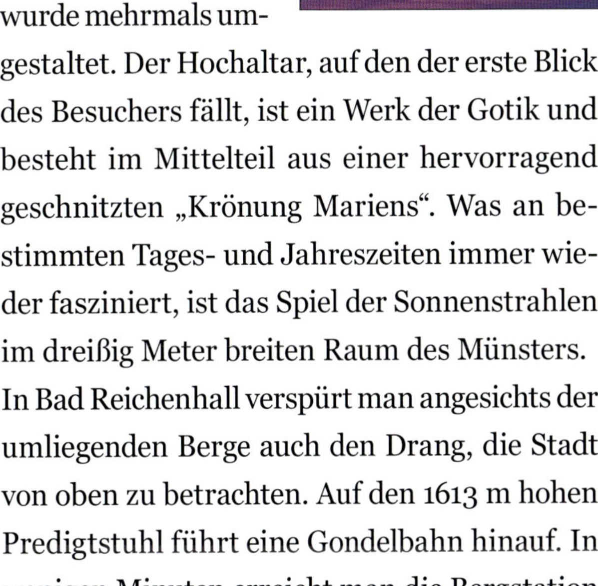

TIPP In Bad Reichenhall sind nur die Häuser um den Florianiplatz wirklich alt. Die Alte Saline sollte jeder besuchen, der sich für die Salzgewinnung interessiert. Der Kurpark mit dem Gradierwerk und die Fußgängerzone lohnen einen Besuch. Für Bergfreunde steht die Predigtstuhlbahn zur Verfügung. Die großartige Aussicht auf die Stadt und die Berchtesgadener Berge sollte man von dort oben nicht versäumen.

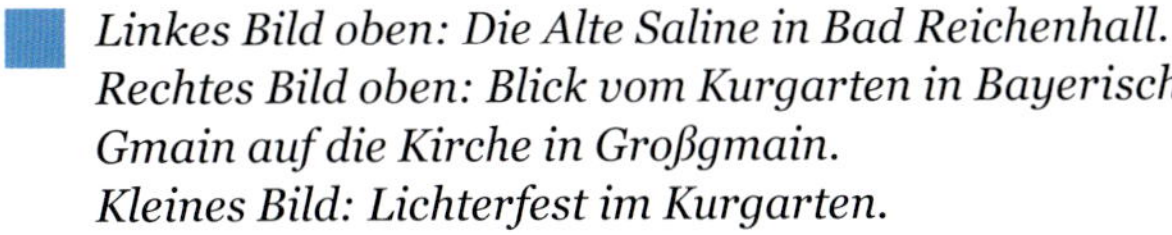

Linkes Bild oben: Die Alte Saline in Bad Reichenhall.
Rechtes Bild oben: Blick vom Kurgarten in Bayerisch Gmain auf die Kirche in Großgmain.
Kleines Bild: Lichterfest im Kurgarten.

und hat die Möglichkeit, kleine und ausgedehnte Wander- und Bergtouren zu unternehmen. Zum Beispiel zur Schlegel-Alm und zum Hochschlegel mit 1688 m. Wer noch mehr Lust verspürt ist eingeladen, auf den Karkopf zu steigen, der mit seinen 1738 m den höchsten Punkt im Lattengebirge darstellt. Das ist allerdings mehr als ein Spaziergang und erfordert zumindest angepasstes festes Schuhwerk. Die Aussicht auf das Berchtesgadener Hochgebirge und auf Bischofswiesen bis hinein zum Hohen Dachstein ist ein angemessener Lohn für die Mühe. Auch der Hochstaufen, der unmittelbar nördlich von der Stadt aufragt, ist ein wunderschöner Aussichtsberg. Einige Meter unter dem Gipfel, der 1771 m hoch ist, finden wir das Reichenhaller Haus, in dem wir uns stärken können und wenn es gar nicht mehr geht, dürfen wir auch übernachten. Der benachbarte Zwiesel ist mit 1782 m noch etwas höher. Beide Gipfel sind als Tagestouren mit einer Aufstiegszeit von drei bis vier Stunden zu bewältigen.

Reichenhaller Haus am Hochstaufen, im Tal sieht man Piding und Salzburg. Kleines Bild: Weißbach an der Alpenstraße mit Hochstaufen. Bilder rechte Seite von oben nach unten: Großgmain, Marzoll und Herbststimmung am Thumsee.

Berchtesgaden

Hier befinden wir uns im Hochgebirge, einer Landschaft voller Faszination und überwältigenden Eindrücken. Auf so kleinem Raum sind selten irgendwo so viele herausragende Naturschönheiten zu finden wie hier. Viele davon sind weithin bekannt. Der sagenumwobene Watzmann mit seinen sieben Kindern. Der Königssee, ein bayerischer Fjord, der zwischen Watzmann und Hagengebirge eingebettet ist. An diese bekannten Orte und vieles mehr mag auch der Heimatdichter Ludwig Ganghofer gedacht haben, als er die inzwischen berühmt gewordenen Worte prägte: „Wen Gott lieb hat, den lässt er fallen in dieses Land".

Erst 1810 wurde das Berchtesgadener Land dem Königreich Bayern einverleibt. Die bayerischen Könige waren gern in Berchtesgaden und bauten die alten Klostergebäude in ein Schloss um. König Max II. ließ für sich die neue Königliche Villa erbauen und stiftete den Marktbrunnen mit dem

bayerischen Löwen. Der Märchenkönig Ludwig II. bemühte sich um die Renovierung der Jagdkapelle in St. Bartholomä am Königssee und kam für die Kosten auf. Weil auch Prinzregent Luitpold ein Liebhaber und Gönner Berchtesgadens war, stiftete man zu seinem 90. Geburtstag vor der Königlichen Villa eine Bronzestatue des Regenten. Sie zeigt ihn in der Tracht und mit seinem Jagdgewehr. Er war bis ins hohe Alter ein passionierter Jäger.

Das Salzbergwerk in Berchtesgaden steht dem Besucher offen. Historisches und Modernes wurde im neu gestalteten Schaubergwerk gut umgesetzt. In origineller Bergmannskleidung darf man in den Salzberg einfahren und bekommt unter anderem erklärt, wie Sole entsteht, wie ein Sinkwerk angelegt ist und wie Salz hergestellt wird. Seit dem 16. Jahrhundert bis zum heutigen Tage wird im Salzbergwerk Berchtesgaden Salz abgebaut.

Es gibt einige Ziele, die man sich auf jeden Fall vornehmen sollte. Eine der schönsten Aussichtskanzeln, von der aus man fast das gesamte Berchtesgadener Land überschauen kann, ist der Gipfel des 1874 m hohen Jenner. Eine Seilbahn bringt uns zur Bergstation. Von dort geht

man noch etwa zwanzig Minuten zum Gipfel. Von oben hat man die einmalige Möglichkeit, fast den ganzen Königssee zu überblicken. Die Häuser von St. Bartholomä mit dem kleinen Wallfahrtskirchlein, das sich im See spiegelt, wirken wie Spielzeug. Gegenüber erhebt sich der mächtige König Watzmann, der das kleine Land beherrscht. Unser Auge erfasst unzählige Gipfel vom Untersberg bis zum Steinernen Meer. Als zweites Ziel, das ohne Anstrengung erreicht werden kann, ist die Rossfeldstraße zu nennen. Diese Höhenringstraße führt fast auf 1600 m hinauf und kann gegen eine Mautgebühr mit dem eigenen Fahrzeug oder mit dem Linienbus befahren werden. Die Strecke ist siebzehn Kilometer lang und weist eine Steigung von 13 % auf. Die Scheitelstrecke liegt auf österreichischem

Pfarrkirche St. Sebastian in Ramsau.
Rechte Seite kleines Bild: Die Bindalm in Ramsau.
Unten: St. Bartholomä mit Watzmann-Ostwand.
Seite 174/175: Herbststimmung im Berchtesgadener Land mit Blick auf Watzmann und Hochkalter.

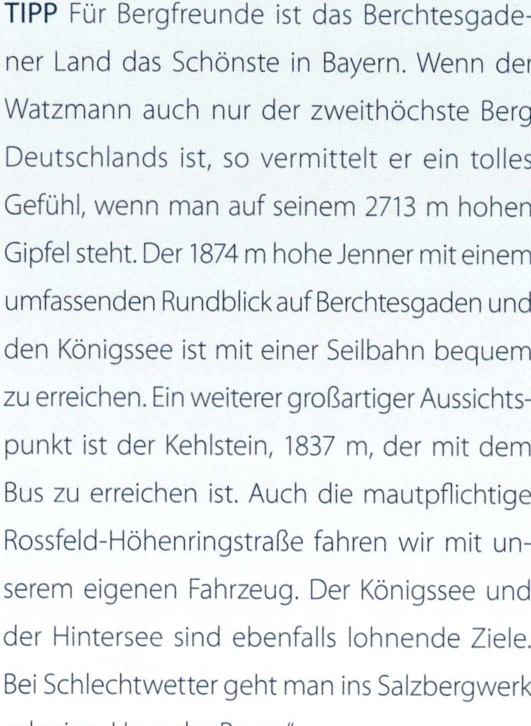

TIPP Für Bergfreunde ist das Berchtesgadener Land das Schönste in Bayern. Wenn der Watzmann auch nur der zweithöchste Berg Deutschlands ist, so vermittelt er ein tolles Gefühl, wenn man auf seinem 2713 m hohen Gipfel steht. Der 1874 m hohe Jenner mit einem umfassenden Rundblick auf Berchtesgaden und den Königssee ist mit einer Seilbahn bequem zu erreichen. Ein weiterer großartiger Aussichtspunkt ist der Kehlstein, 1837 m, der mit dem Bus zu erreichen ist. Auch die mautpflichtige Rossfeld-Höhenringstraße fahren wir mit unserem eigenen Fahrzeug. Der Königssee und der Hintersee sind ebenfalls lohnende Ziele. Bei Schlechtwetter geht man ins Salzbergwerk oder ins „Haus der Berge".

Gebiet. Es bietet sich eine großartige Sicht nach allen Seiten. Hauptblickfang ist der Hohe Göll in unmittelbarer Nähe.

Im Jahr 1978 wurde das einstige Naturschutzgebiet um den Königssee erweitert und zum Nationalpark erklärt. Der restliche ehemalige Landkreis wurde Alpenpark. Der Nationalpark umfasst die Gebirgsstöcke rund um den Königssee. Dazu gehören der Hohe Göll, das Hagengebirge, das Steinerne Meer, Watzmann, Hochkalter und Reiteralpe.

Salzburg

Wer ist nicht auf den ersten Blick fasziniert von der Schönheit und Romantik dieser einmaligen Stadt? Die Lage beiderseits der Salzach als Tor zum Hochgebirge wurde unzählige Male gepriesen. Dichter beschrieben sie mit Worten der Begeisterung und Innigkeit, wie sie nur für wenige Städte gefunden wurden. Komponisten ließen sich von ihr inspirieren und brachten Meisterwerke hervor, die Ewigkeitswert zu haben scheinen. Salzburg ist Musik in unseren Ohren und vor unseren Augen. Sie zeigt sich einmal andante, manchmal forte, aber sie berührt immer unser Gefühl. Die tiefen Häuserschluchten, die Stille der großen umbauten Höfe von St. Peter mit dem alten Friedhof und der senkrechten Felswand des Mönchsbergs dahinter.

Kommen wir vom Fluss her, auf dem Elisabethkai oder auch auf dem Franz-Josef-Kai, wächst unsere Begeisterung für die Ansammlung von weißen Marmortürmen und grünen Kuppeln, die vor dem dunklen Festungsberg kontrastreich hervortreten. Über allem thront die riesige Festung Hohensalzburg mit ihren hell getünchten Mauern, die wie ein Bollwerk aus Fels auf die Stadt herabblickt. Wir sind hingerissen von diesem Ensemble zwischen Wasser und Bergen, das sich harmonisch in die grandiose Landschaft einfügt.

Vor allem waren es die Romantiker, die sich in Salzburg wohl fühlten. Franz Schubert war gerne hier. Er beschrieb die Landschaft um Salzburg als „himmlisches Tal“. Der Forscher und Weltreisende Alexander von Humboldt hielt die Gegend um Salzburg für eine der schönsten auf dem Globus. Das war auch der Grund für den Aufenthalt vieler Maler in dieser Stadt.

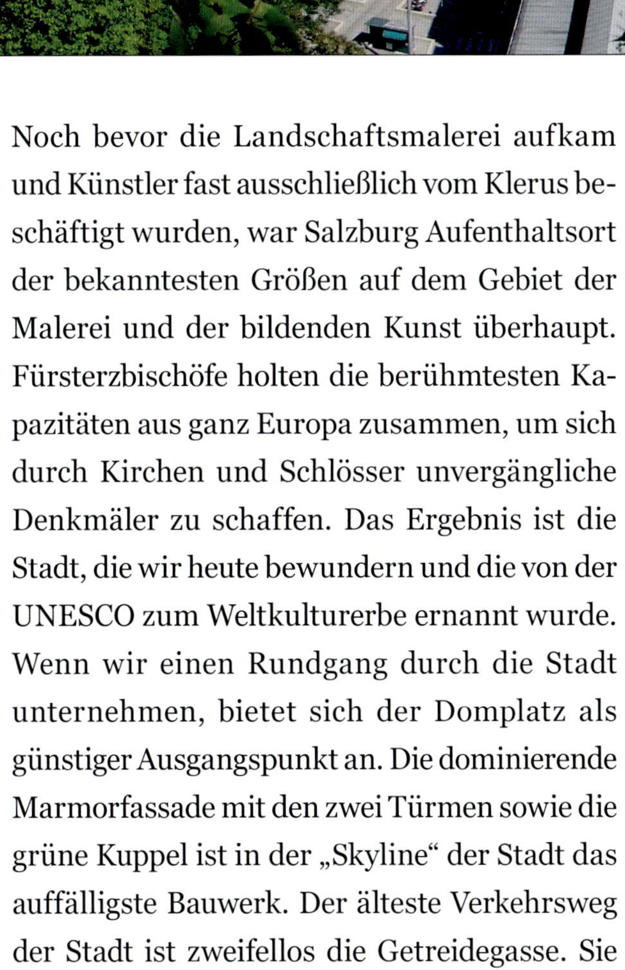

Noch bevor die Landschaftsmalerei aufkam und Künstler fast ausschließlich vom Klerus beschäftigt wurden, war Salzburg Aufenthaltsort der bekanntesten Größen auf dem Gebiet der Malerei und der bildenden Kunst überhaupt. Fürsterzbischöfe holten die berühmtesten Kapazitäten aus ganz Europa zusammen, um sich durch Kirchen und Schlösser unvergängliche Denkmäler zu schaffen. Das Ergebnis ist die Stadt, die wir heute bewundern und die von der UNESCO zum Weltkulturerbe ernannt wurde. Wenn wir einen Rundgang durch die Stadt unternehmen, bietet sich der Domplatz als günstiger Ausgangspunkt an. Die dominierende Marmorfassade mit den zwei Türmen sowie die grüne Kuppel ist in der „Skyline“ der Stadt das auffälligste Bauwerk. Der älteste Verkehrsweg der Stadt ist zweifellos die Getreidegasse. Sie ist mit dem Universitätsplatz durch sogenannte „Durchhäuser“ verbunden. Diese Durchgänge im Erdgeschoss sind oft zu ruhigen Arkadenhöfen mit Cafés und Geschäften ausgebaut. Heute ist die Getreidegasse als Fußgängerzone eingerichtet. Das ist auch gut, ansonsten könnte man die kunstvollen Wirtshaus- und Geschäftsschilder nicht in Ruhe betrachten. Das Haus Nr. 9 ist Mozarts Geburtshaus und kann als Museum besichtigt werden. Eines der berühmtesten

Blick auf Salzburg.
Kleines Bild: Deckenfresko in der Residenz.

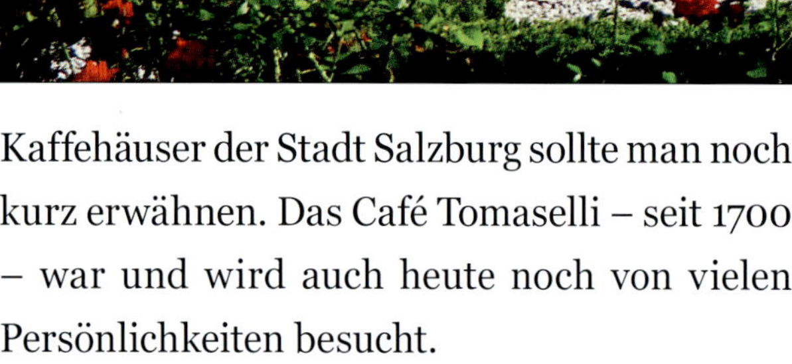

Kaffehäuser der Stadt Salzburg sollte man noch kurz erwähnen. Das Café Tomaselli – seit 1700 – war und wird auch heute noch von vielen Persönlichkeiten besucht.

Gegenüber der Kollegienkirche gegen den Mönchsberg hin befinden sich die Festspielhäuser. Ursprünglich war das Gebäude als Sommerreitschule errichtet. Der aus dem Felsen des Mönchsbergs herausgehauene Raum wurde in die Bühne mit einbezogen. Die ursprünglich nach oben offene Reitanlage wurde überdacht.

Miralbellgarten.
Rechte Seite: oben die Festung Hohensalzburg, darunter Schloss Hellbrunn bei Salzburg und der Salzburger Dom.
Doppelseite 182/183: Blick vom Gaisberg auf die umliegenden Berge und den Chiemgau.

So entstand 1970 das Große Festspielhaus nach den Plänen von Clemens Holzmeister. In diesem eingeschränkten Rahmen kann man nicht ganz Salzburg vorstellen, weil diese Stadt so viele Sehenswürdigkeiten zu bieten hat. Darüber wurden auch schon viele Bücher gefüllt. Auf Schritt und Tritt entdeckt man Dinge, die von historischem Interesse sind oder von besonderem Kunstsinn zeugen.

Was natürlich kein Salzburgbesucher versäumen sollte, ist der Besuch des Mirabellgartens. Das Schloss und der Park befinden sich in der sogenannten Neustadt auf der anderen Seite der Salzach. Meistens kommt man über den Makartsteg herüber und am Landestheater vorbei, wo sich auch schon der Eingang zum

Mirabellgarten befindet. Wenn auch noch so viele Erholungssuchende auf und ab flanieren, was an warmen Sonn- und Feiertagen durchaus der Fall ist, kann man hier immer Ruhe und Entspannung finden.

Das Schloss Mirabell wurde ursprünglich von Fürsterzbischof Wolf Dietrich für seine Konkubine Salome Alt und deren gemeinsame Kinder errichtet. Im Schloss ist eine prächtige Barocktreppe zu bewundern. Der Marmorsaal wird als Trauungssaal genutzt. Die übrigen Räume dienen als Büros der Stadtverwaltung.

In und um Salzburg gäbe es noch vieles zu erwähnen. Genauso verhält es sich mit dem Chiemgau und seinen schönen Fremdenverkehrsorten. Sicher macht dieser Bildband Lust auf eine Entdeckungsreise durch diese einmalige Gegend, die so manche Gemeinsamkeiten in der Vergangenheit wie auch in der Gegenwart aufweisen. Vor allem hat aber das Salz die Landschaft zwischen Salzburg und Rosenheim stark geprägt.

TIPP Salzburg ist eine zauberhafte Stadt mit unzähligen Sehenswürdigkeiten. Von März bis Ende November lohnt ein Besuch des Mirabellgartens. Ein Spaziergang über den Mönchsberg mit Besichtigung der Festung Hohensalzburg ist das ganze Jahr möglich. Auch die Hettwer Bastei bietet das ganze Jahr über eine informative Aussicht auf die Stadt, die Festung und den Untersberg. Von den Bauwerken ist der Dom von besonderem Interesse. Auch St. Peter, die Residenz und die Getreidegasse mit den Durchhäusern ist ein Muss für jeden Besucher. Von der näheren Umgebung sollte man sich Schloss Hellbrunn mit den Wasserspielen nicht entgehen lassen. Ein Tipp für Bergfreunde: von Grödig besteht eine Seilbahn auf den Untersberg.

Albert Hirschbichler

Landkreis Berchtesgadener Land voralpin - alpin - hochalpin

Beeindruckendes Bildmaterial dokumentiert den Landkreis von den lieblichen voralpinen Landschaften um die Stadt Laufen über das klimatisch bevorzugte alpine Bad Reichenhaller Becken bis hin zum hochalpinen südlichen Landkreis um Berchtesgaden mit dem Nationalpark. 15 hervorragende, heimische Fotografen lieferten dazu ihre besten Bilder! Die Texte von Dr. Albert Hirschbichler vermitteln heimatliches Grundwissen, Kultur und Historie.

Bildband, 224 Seiten
ISBN 978-3-940141-19-4
€ 29.80

Marika Hildebrandt · Dr. Michael Vogel

Nationalpark Berchtesgaden - Im Augenblick der Zeitlosigkeit

Die mehrfach ausgezeichnete Fotografin Marika Hildebrandt fotografierte jahrelang mit Geduld und Hingabe ein Stück ihrer Heimat, den Nationalpark Berchtesgaden. Vom Wasser über Wiesen, Bergwälder, Almboden bis hin zum Fels entführen hinreißende Aufnahmen zu den Lebensräumen der Tiere und Pflanzen. Mit erklärenden Texten vom Leiter des Nationalparks. Ein außergewöhnlicher Bildband, gedruckt auf lackiertem Keramik- und Pergamentpapier.

Bildband, 224 Seiten
ISBN 978-3-940141-41-5
€ 39.80

Walter Brumm

Gruss vom Chiemsee auf historischen Ansichtskarten

Historische Karten und Raritäten von König Ludwig II., Herren- und Frauenchiemsee, Eis auf dem Chiemsee, Prien, Schifffahrt, Prinzregent Luitpold, Wildenwart, Trachten, Panoramen, Orte rund um den Chiemsee, Stadt Traunstein und rund um Traunstein.

Bildband, 128 Seiten
ISBN 978-3-940141-36-1
€ 19.80

Walter Köberl · Wolfgang Stumtner

Radwandern und Mountainbiken

60 Touren im Salzburger Land, Berchtesgadener Land und dem Chiemgau

60 Rad- und Mountainbiketouren für die sportliche Familie im praktischen Ringordner. Einzelne Tourenblätter sind herausnehmbar und durch die mitgelieferte Plastikhülle geschützt. Mit km-genauen Routenbeschreibungen und original Kompasskarten sowie präzisen Höhenprofilen.

Ringbuchordner, 208 Seiten

ISBN 978-3-927957-57-2

€ 26.90

Hubert S. Ilsanker

Der BergBrenner – Ein Langsamlesebuch

Ein Jahr lang nimmt Hubert S. Ilsanker vulgo „Hubsi“ den Leser zu seiner einzigartigen Arbeit in die Berge mit. Tagebuchartig erzählt der Autor vom Leben und Arbeiten in den Bergen. Sein Buch lebt von Geschichten voll Humor und Witz sowie der für Berchtesgaden typischen Antreiberei.

Taschenbuch, 336 Seiten

ISBN 978-3-940141-67-5

€ 12.80

Brigitte Schönborn

Abgrundtief - eine Alpenidylle Berchtesgaden-Krimi

Ein Krimi in der Berchtesgadener Bergwelt rund um Jenner- und Schneibsteingebiet. Im letzten Sommer spielte sich Unglaubliches ab. In dieser idyllischen Alpenwelt lauerte ein Verbrechen aus reiner Habgier. Ein Lesespaß für große und kleine Krimi- und Katzenfreunde! Lesealter ab 12 Jahren.

Taschenbuch, 208 Seiten

ISBN 978-3-940141-96-5

€ 9,80

Texte und Bilder: Werner Mittermeier, Bischofswiesen

Herausgeber: Verlag Anton Plenk, Berchtesgaden

Druck und Gesamtherstellung: Printer Trento, Italien

Satz und Layout: Valentina Kraus-Plenk, Berchtesgaden

Lektorat: Stefanie Zweckl, Bischofswiesen

ISBN 978-3-940141-95-8

Herbst 2013

Koch-Sternfeld-Str. 5 · 83471 Berchtesgaden
Tel. 0 86 52 44 74 · Fax 0 86 52 66 277
www.plenk-verlag.com
E-Mail: plenk-verlag@t-online.de

Bibliografische Information der Deutschen Bibliothek: Die Deutsche Bibliothek verzeichnet diese Publikation in der Deutschen Nationalbibliografie; detaillierte bibliografische Daten sind im Internet über http://dnb.ddb.de abrufbar.